甲子園
レジェンドランキング

オグマナオト・著

集英社みらい文庫

甲子園《こうしえん》の歴史《れきし》に名《な》をきざんだスーパーレジェンドたちが大集合《だいしゅうごう》！

1915年《ねん》にはじまった高校野球《こうこうやきゅう》の全国大会《ぜんこくたいかい》。
2018年《ねん》にはついに記念《きねん》の100回大会《かいたいかい》をむかえる。
このメモリアルイヤーまでには、
たくさんの球児《きゅうじ》が甲子園《こうしえん》の大舞台《おおぶたい》で一球《いっきゅう》に魂《たましい》をこめ、
一球《いっきゅう》に泣《な》き、一球《いっきゅう》にわらい、仲間《なかま》と青春《せいしゅん》を燃《も》やしてきた。
汗《あせ》を飛《と》びちらせ、どろんこになって戦《たたか》う球児《きゅうじ》に、
スタンドの観客《かんきゃく》も、テレビの前《まえ》のファンも大興奮《だいこうふん》。
ともに泣《な》き、わらってきた。

『甲子園《こうしえん》レジェンドランキング』では、
松坂大輔《まつざかだいすけ》、藤浪晋太郎《ふじなみしんたろう》、
ダルビッシュ有《ゆう》、田中将大《たなかまさひろ》、
大谷翔平《おおたにしょうへい》、松井裕樹《まついゆうき》、斎藤佑樹《さいとうゆうき》、
筒香嘉智《つつごうよしとも》、松井秀喜《まついひでき》ら
甲子園《こうしえん》の歴史《れきし》にさんぜんとかがやくレジェンドプレーヤー、
伝説《でんせつ》のレジェンドマッチ、
横浜《よこはま》や大阪桐蔭《おおさかとういん》などのレジェンドチーム、
びっくり仰天《ぎょうてん》のレジェンドヒストリーをもれなく紹介《しょうかい》。
読《よ》み終《お》わったらレジェンドたちがキミのとなりにいるはずだ！

第1章

Legend Players

甲子園《こうしえん》のレジェンドプレーヤー

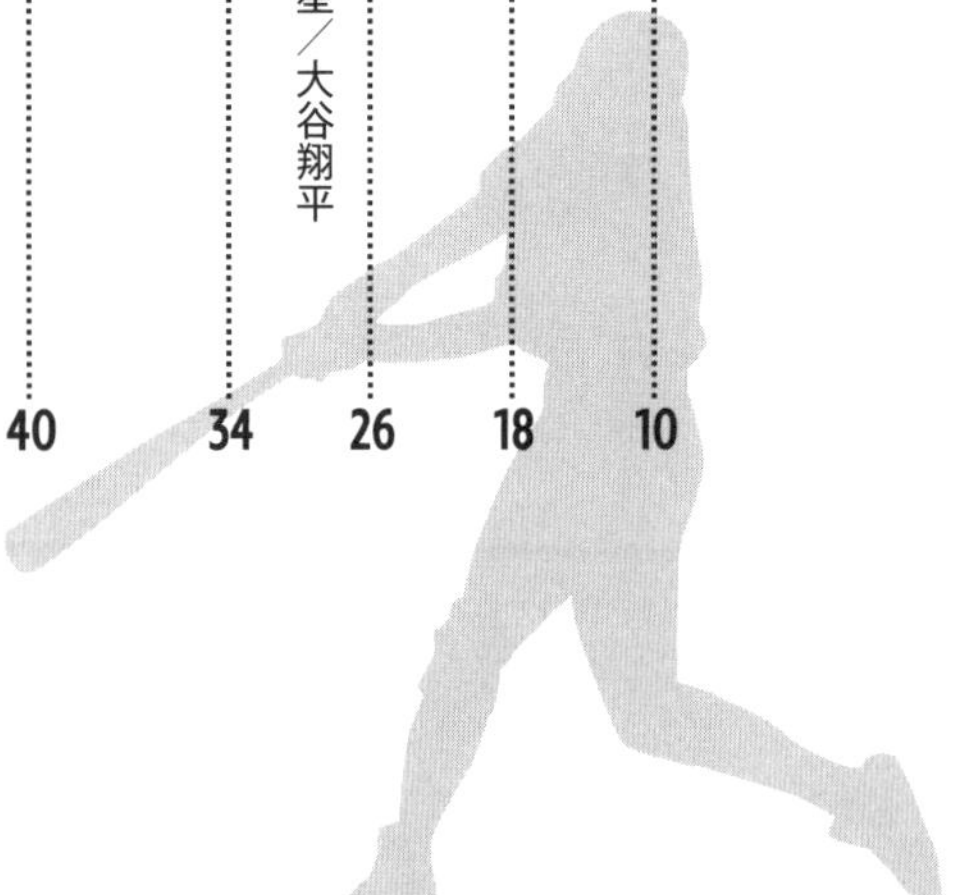

目次《もくじ》

KOSHIEN Legend Ranking

第3章

Legend Team

甲子《こうし》園《えん》のレジェンドチーム

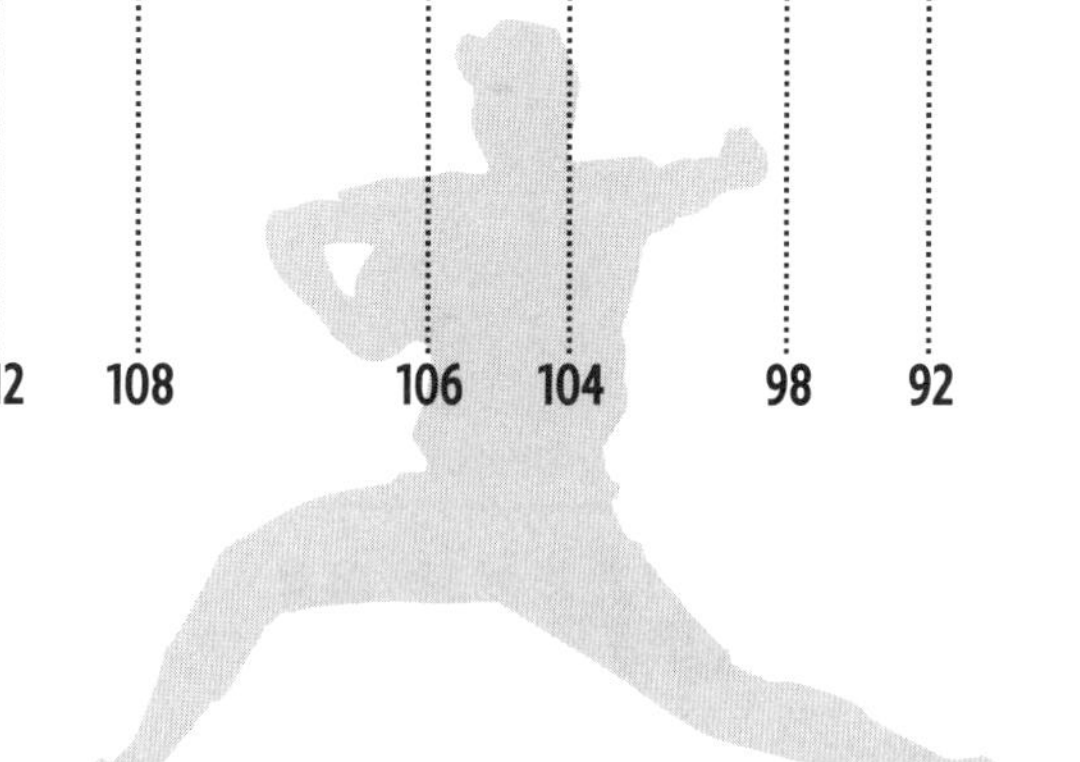

第4章 Legend History 甲子園《こうしえん》のレジェンドヒストリー

KOSHIEN
Legend Ranking

目次《もくじ》

第1章

Legend Players

甲子園のレジェンドプレーヤー

春《はる》夏《なつ》、2年《ねん》連《れん》続《ぞく》で甲《こう》子《し》園《えん》を制《せい》した

連《れん》覇《ぱ》王《おう》

〝平《へい》成《せい》の怪《かい》物《ぶつ》〟横《よこ》浜《はま》の松《まつ》坂《ざか》大《だい》輔《すけ》投《とう》手《しゅ》は

ノーヒットノーランで春《はる》夏《なつ》連《れん》覇《ぱ》を達《たっ》成《せい》

過去《かこ》に7校《こう》だけの〝春夏連覇《はるなつれんぱ》〟

球児《きゅうじ》の誰《だれ》もがあこがれる究極《きゅうきょく》の目標《もくひょう》、それが甲子園《こうしえん》での優勝《ゆうしょう》だ。「春《はる》のセンバツ」と「夏《なつ》の甲子園《こうしえん》」、年《ねん》に2度《ど》ある栄冠《えいかん》をめざし、日々《ひび》、白球《はっきゅう》を追《お》って練習《れんしゅう》している。

全国《ぜんこく》に約《やく》4000校《こう》あるうち、甲子園《こうしえん》で優勝《ゆうしょう》できるのはたった1校《こう》だけ。そのたいへんな偉業《いぎょう》を連続《れんぞく》して達成《たっせい》することを「連覇《れんぱ》」という。過去《かこ》、春《はる》と夏《なつ》の甲子園《こうしえん》でどちらも優勝《ゆうしょう》する「春夏連覇《はるなつれんぱ》」を達成《たっせい》した学校《がっこう》は7校《こう》だけ。それだけむずかしい大偉業《だいいぎょう》なのだ。平成《へいせい》になって、はじめてこの春夏連覇《はるなつれんぱ》を達成《たっせい》し、「平成《へいせい》の怪物《かいぶつ》」と呼《よ》ばれたのが横浜《よこはま》（神奈川《かながわ》）のエース、松坂大輔投手《まつざかだいすけとうしゅ》（現《げん》・中日《ちゅうにち》）だった。

決勝《けっしょう》ノーヒットノーランで春夏連覇《はるなつれんぱ》　松坂大輔《まつざかだいすけ》（横浜《よこはま》）

高校《こうこう》に入学《にゅうがく》したばかりのころ、「サボりのマツ」と呼《よ》ばれるほど練習嫌《れんしゅうぎら》いだった松坂投《まつざかとう》手《しゅ》。だが、2年夏《ねんなつ》の神奈川大会《かながわたいかい》で、自分自身《じぶんじしん》の暴投《ぼうとう》でサヨナラ負《ま》け。それ以来《いらい》、嫌《きら》いだったランニングで誰《だれ》よりも走《はし》り、地味《じみ》な基礎練習《きそれんしゅう》にも文句《もんく》をいわずにとりくむようになった。

2年《ねん》の秋以降《あきいこう》、どのチームにも負《ま》けなくなった横浜《よこはま》は1998年春《ねんはる》、第《だい》70回《かい》センバツ大《たい》会《かい》に出場《しゅつじょう》。そのさいしょの試合《しあい》で、松坂投手《まつざかとうしゅ》は甲子園球場《こうしえんきゅうじょう》では高校生史上初《こうこうせいしじょうはつ》の球速《きゅうそく》150キロを記録《きろく》。この剛速球《ごうそっきゅう》にくわえ、高校生《こうこうせい》のなかにひとりだけプロがいる、といわれるほどするどくまがるスライダーを武器《ぶき》に連戦連勝《れんせんれんしょう》。5試合《しあい》すべてが完投勝利《かんとうしょうり》、そのうち3つが完封《かんぷう》という圧倒的《あっとうてき》な内容《ないよう》で、見事《みごと》、センバツ優勝《ゆうしょう》を成《な》しとげた。

全国《ぜんこく》の球児《きゅうじ》があこがれる存在《そんざい》になり、追《お》われる立場《たちば》となった松坂投手《まつざかとうしゅ》だったが、夏《なつ》の甲《こう》子園大会《しえんたいかい》でも主役《しゅやく》の座《ざ》はゆずらなかった。延長《えんちょう》17回《かい》までもつれる死闘《しとう》となった準々決勝《じゅんじゅんけっしょう》のPL学園戦《ピーエルがくえんせん》では松坂投手《まつざかとうしゅ》が250球《きゅう》をひとりで投《な》げぬき、完投勝利《かんとうしょうり》。その翌日《よくじつ》、「今日《きょう》は投《な》げません」と宣言《せんげん》してはじまった準決勝《じゅんけっしょう》では、リードを許《ゆる》していた9回表《かいおもて》にマウンドへ。3者凡退《しゃぼんたい》に打《う》ちとると流《なが》れは横浜《よこはま》へとうつり、奇跡《きせき》の逆転勝利《ぎゃくてんしょうり》を呼《よ》びこんだのだ。

つづく決勝戦《けっしょうせん》では、大会史上《たいかいしじょう》59年《ねん》ぶりとなる「決勝《けっしょう》ノーヒットノーラン」。さいごの打《だ》者《しゃ》から三振《さんしん》をうばい、松坂投手《まつざかとうしゅ》はガッツポーズ。史上《しじょう》5校目《こうめ》の春夏連覇達成《はるなつれんぱたっせい》の瞬間《しゅんかん》だった。

“琉球《りゅうきゅう》トルネード”でつかんだ「沖縄《おきなわ》の悲願《ひがん》」 島袋洋奨《しまぶくろようすけ》（興南《こうなん》）

1998年《ねん》の横浜《よこはま》のつぎに春夏連覇《はるなつれんぱ》を達成《たっせい》したのが2010年《ねん》の興南《こうなん》（沖縄《おきなわ》）であり、その立役者《たてやくしゃ》が、左腕《さわん》エースの島袋洋奨《しまぶくろようすけ》投手《とうしゅ》（現《げん》・ソフトバンク）だ。

身長《しんちょう》172センチという小《ちい》さな体《からだ》をめいっぱい大《おお》きく使《つか》おうとあみだした投《な》げかた、「琉球《りゅうきゅう》トルネード」からくりだすキレのあるストレートと変化球《へんかきゅう》で三振《さんしん》をうばうのが島袋《しまぶくろ》投手《とうしゅ》の得意《とくい》のパターン。はじめて甲子園《こうしえん》に出場《しゅつじょう》した2009年春《ねんはる》、第《だい》81回《かい》センバツ大会《たいかい》で「1試合《しあい》19奪三振《だつさんしん》」を記録《きろく》し、全国区《ぜんこくく》の投手《とうしゅ》になると、2010年春《ねんはる》、第《だい》82回《かい》センバツ大《たい》会《かい》でも1回戦《かいせん》から14個《こ》の三振《さんしん》を記録《きろく》。その後《ご》も順調《じゅんちょう》に勝《か》ちすすみ、決勝《けっしょう》では東京《とうきょう》の野球名《やきゅうめい》

歴代甲子園連覇《れきだいこうしえんれんぱ》チーム

春夏連覇《はるなつれんぱ》

1962年	作新学院	（栃木）
1966年	中京商	（愛知）
1979年	箕島	（和歌山）
1987年	ＰＬ学園	（大阪）
1998年	横浜	（神奈川）
2010年	興南	（沖縄）
2012年	大阪桐蔭	（大阪）

夏春連覇《なつはるれんぱ》

1930~31年	広島商	（広島）
1937~38年	中京商	（愛知）
1960~61年	法政二	（神奈川）
1982~83年	池田	（徳島）

春連覇《はるれんぱ》

1929~30年	第一神港商	（兵庫）
1981~82年	ＰＬ学園	（大阪）
2017~18年	大阪桐蔭	（大阪）

夏連覇《なつれんぱ》

1921~22年	和歌山中	（和歌山）
1929~30年	広島商	（広島）
1931~33年	中京商	（愛知）※3連覇
1939~40年	海草中	（和歌山）
1947~48年	小倉中/小倉	（福岡）
2004~05年	駒大苫小牧	（南北海道）

門《もん》校《こう》、日大三《にちだいさん》と対戦《たいせん》。おたがいに5点《てん》をとりあって延長戦《えんちょうせん》へともつれこんだが、島袋投手《しまぶくろとうしゅ》は延長《えんちょう》12回《かい》をひとりで投《な》げきり、興南《こうなん》はセンバツ優勝《ゆうしょう》を達成《たっせい》した。

　春《はる》に優勝《ゆうしょう》できても、夏《なつ》の甲子園《こうしえん》ではどうしても勝《か》てなかったのがそれまでの沖縄県勢《おきなわけんぜい》。沖縄《おきなわ》の悲願《ひがん》、ともいえた「夏制覇《なつせいは》」と「春夏連覇《はるなつれんぱ》」をかけてのぞんだ第《だい》92回夏《かいなつ》の甲子園《こうしえん》でも、「打倒《だとう》！　興南《こうなん》」を合言葉《あいことば》にむかってくる全国《ぜんこく》の強豪校《きょうごうこう》を撃破《げきは》。さいごの決勝戦《けっしょうせん》では、神奈川《かながわ》の強豪《きょうごう》、東海大相模《とうかいだいさがみ》をしりぞけ、史上《しじょう》6校目《こうめ》の春夏連覇《はるなつれんぱ》を達成《たっせい》した。

　島袋投手《しまぶくろとうしゅ》は２０１０年春《ねんはる》・夏《なつ》の甲子園《こうしえん》で11勝《しょう》０敗《はい》、１０２奪三振《だつさんしん》を記録《きろく》。年間奪三振数《ねんかんだつさんしんすう》は歴代《れきだい》３位《い》。年間《ねんかん》10勝《しょう》以上《いじょう》は松坂大輔投手《まつざかだいすけとうしゅ》（11勝《しょう》）以来《いらい》であり、２０００年《ねん》以降《いこう》では島袋《しまぶくろ》投手《とうしゅ》以外《いがい》、誰《だれ》も達成《たっせい》できていない快挙《かいきょ》だった。

史上最長身選手《しじょうさいちょうしんせんしゅ》が見《み》せた最高《さいこう》の投球《とうきゅう》　藤浪晋太郎《ふじなみしんたろう》（大阪桐蔭《おおさかとういん》）

　島袋投手《しまぶくろとうしゅ》と興南《こうなん》の栄光《えいこう》からわずか2年後《ねんご》の２０１２年《ねん》、つぎの主役《しゅやく》は「21世紀最強《せいきさいきょう》チーム」との呼《よ》び声《ごえ》が高《たか》い大阪桐蔭《おおさかとういん》（大阪《おおさか》）。注目《ちゅうもく》は身長《しんちょう》１９７センチの「甲子園大会史上最《こうしえんたいかいしじょうさい》長身選手《ちょうしんせんしゅ》」、藤浪晋太郎投手《ふじなみしんたろうとうしゅ》（現《げん》・阪神《はんしん》）だった。

2012年《ねん》、第《だい》84回《かい》センバツ大会《たいかい》に出場《しゅつじょう》した藤浪《ふじなみ》投手《とうしゅ》は、史上初《しじょうはつ》となる「登板《とうばん》5試合《しあい》すべてで150キロ以上《いじょう》」を記録《きろく》。決勝《けっしょう》では青森《あおもり》の光星学院《こうせいがくいん》(現《げん》・八戸学院光星《はちのへがくいんこうせい》)に12本《ほん》のヒットを許《ゆる》したものの、試合《しあい》には7対《たい》3で勝利《しょうり》。見事《みごと》にセンバツ優勝《ゆうしょう》を達成《たっせい》した。

「春勝《はるか》っても、夏勝《なつか》たなければ意味《いみ》がないんです」とみずから語《かた》り、春夏連覇《はるなつれんぱ》を目標《もくひょう》にかかげた藤浪投手《ふじなみとうしゅ》。あこがれていたダルビッシュ有投手《ゆうとうしゅ》(現《げん》・カブス)の投球《とうきゅう》フォームを研究《けんきゅう》してのぞんだ第《だい》94回夏《かいなつ》の甲子園大会《こうしえんたいかい》では、初戦《しょせん》から14個《こ》の三振《さんしん》を記録《きろく》。準々決勝《じゅんじゅんけっしょう》では、

連《れん》覇《ぱ》王《おう》たちの甲《こう》子《し》園《えん》通《つう》算《さん》成《せい》績《せき》※

※春夏連覇時

1998年の	2010年の	2012年の
松《まつ》坂《ざか》大《だい》輔《すけ》	**島《しま》袋《ぶくろ》洋《よう》奨《すけ》**	**藤《ふじ》浪《なみ》晋《しん》太《た》郎《ろう》**
(横浜・神奈川)	(興南・沖縄)	(大阪桐蔭・大阪)
11勝0敗	**11勝0敗**	**9勝0敗**
(春5勝/夏6勝)	(春5勝/夏6勝)	(春5勝/夏4勝)
完投:10試合	**完投:10試合**	**完投:8試合**
(うち完封6試合)	(うち完封1試合)	(うち完封2試合)
投球回数:99回	**投球回数:97回**	**投球回数:76回**
自責点:11点	**自責点:17点**	**自責点:9点**
防御率:1.00	**防御率:1.57**	**防御率:1.07**
奪三振:97個	**奪三振:102個**	**奪三振:90個**

13個《こ》の三振《さんしん》をうばう好投《こうとう》で相手《あいて》を圧倒《あっとう》。つづく準決勝《じゅんけっしょう》でも強豪《きょうごう》・明徳義塾《めいとくぎじゅく》（高知《こうち》）を相手《あいて》に２安打《あんだ》しか与《あた》えず、完封勝利《かんぷうしょうり》。センバツ以上《いじょう》のすばらしい投球内容《とうきゅうないよう》で決勝戦《けっしょうせん》に進出《しんしゅつ》した。むかえた決勝《けっしょう》の相手《あいて》は、センバツ大会《たいかい》と同《おな》じく光星学院《こうせいがくいん》。センバツでは12本《ほん》ものヒットを許《ゆる》した相手《あいて》だったが、準決勝《じゅんけっしょう》と同《おな》じく相手《あいて》に２本《ほん》のヒットしか許《ゆる》さず、決勝戦史上最多《けっしょうせんしじょうさいた》タイの14個《こ》の三振《さんしん》を記録《きろく》し、２試合連続《しあいれんぞく》の完封勝利《かんぷうしょうり》。大阪桐蔭《おおさかとういん》は史上《しじょう》７校目《こうめ》となる春夏連覇《はるなつれんぱ》を達成《たっせい》した。さいごの打者《だしゃ》を１５２キロのストレートで空振《からぶ》り三振《さんしん》にした瞬間《しゅんかん》、両手《りょうて》をつきあげた藤浪投手《ふじなみとうしゅ》。誰《だれ》よりも高《たか》いマウンドで、誰《だれ》よりも背《せ》の高《たか》い男《おとこ》が高《たか》みに登《のぼ》ったのだ。

57年《ねん》ぶりの〝夏連覇《なつれんぱ》〟と36年《ねん》ぶりの〝春連覇《はるれんぱ》〟

春夏連覇《はるなつれんぱ》以上《いじょう》にむずかしい、といわれているのが、世代《せだい》がいれかわっても勝《か》ちつづけて２年連続《ねんれんぞく》で優勝《ゆうしょう》する「夏連覇《なつれんぱ》」と「春連覇《はるれんぱ》」だ。

夏連覇《なつれんぱ》の経験《けいけん》があるのは、甲子園《こうしえん》の歴史《れきし》でわずか６校《こう》だけ。この50年《ねん》の間《あいだ》では、２００４年夏《ねんなつ》、２００５年夏《ねんなつ》に優勝《ゆうしょう》した駒大苫小牧《こまだいとまこまい》（南北海道《みなみほっかいどう》）だけだ。２００４年《ねん》の大会《たいかい》では、大会歴代《たいかいれきだい》１位《い》のチーム打率《だりつ》４割《わり》４分《ぶ》８厘《りん》という圧倒的《あっとうてき》な攻撃力《こうげきりょく》で、北海道勢初優勝《ほっかいどうぜいはつゆうしょう》を達成《たっせい》。

21世紀《せいき》最強《さいきょう》チーム・大阪桐蔭《おおさかとういん》のエースとして春夏《はるなつ》を連覇《れんぱ》した藤浪晋太郎投手《ふじなみしんたろうとうしゅ》

その翌年《よくとし》、今度《こんど》は2年生《ねんせい》エース、田中将大投手《たなかまさひろとうしゅ》（現《げん》・ヤンキース）を中心《ちゅうしん》としたバランスのとれたチームで夏《なつ》の甲子園《こうしえん》に登場《とうじょう》。決勝戦《けっしょうせん》では田中投手《たなかとうしゅ》が5回途中《かいとちゅう》からリリーフ登板《とうばん》。1球投《きゅうな》げるごとに調子《ちょうし》をあげ、5対《たい》3とリードした最終回《さいしゅうかい》には3者連続三振《しゃれんぞくさんしん》。優勝《ゆうしょう》をきめたさいごの球《たま》は150キロのストレート。田中投手《たなかとうしゅ》にとって人生初《じんせいはつ》の「150キロ」であり、甲子園《こうしえん》の歴史《れきし》で2年生《ねんせい》が150キロを投《な》げたのも史上初《しじょうはつ》、というすばらしい投球《とうきゅう》で、57年《ねん》ぶりとなる「夏連覇《なつれんぱ》」を達成《たっせい》した。

そして2018年春《ねんはる》、36年《ねん》ぶり&《アンド》史上《しじょう》3校目《こうめ》となる「春連覇《はるれんぱ》」を達成《たっせい》したのが「西《にし》の横綱《よこづな》」大阪桐蔭《おおさかとういん》だ。優勝投手《ゆうしょうとうしゅ》になった根尾昂選手《ねおあきらせんしゅ》は、じつは1年前《ねんまえ》のセンバツでも優勝投手《ゆうしょうとうしゅ》を経験《けいけん》。2年連続《ねんれんぞく》での優勝投手《ゆうしょうとうしゅ》は史上初《しじょうはつ》の快挙《かいきょ》だった。

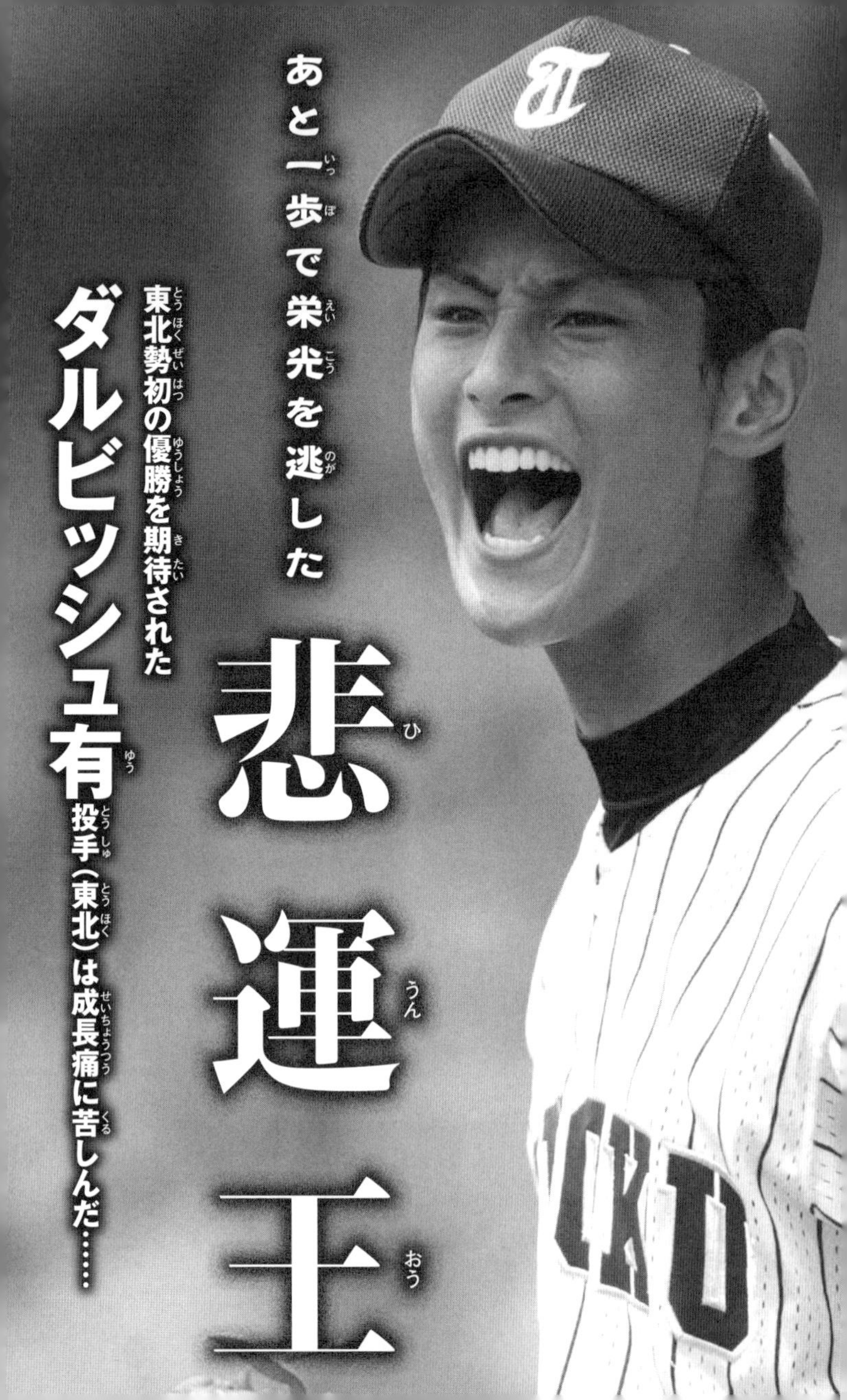

あと一《いっ》歩《ぽ》で栄《えい》光《こう》を逃《のが》した 悲《ひ》運《うん》王《おう》

東《とう》北《ほく》勢《ぜい》初《はつ》の優勝《ゆうしょう》を期待《きたい》された

ダルビッシュ有《ゆう》投手《とうしゅ》（東北《とうほく》）は成長痛《せいちょうつう》に苦《くる》しんだ……

「甲子園《こうしえん》」とは負《ま》けて終《お》わる物語《ものがたり》

高校野球《こうこうやきゅう》でさいごに勝《か》ってわらえるのは、全国約《ぜんこくやく》4000校《こう》のなかでたった1校《こう》だけ。ほとんどの学校《がっこう》と球児《きゅうじ》にとって、「甲子園《こうしえん》」とは負《ま》けて終《お》わる物語《ものがたり》だ。それは、「負《ま》けた選手《せんしゅ》たちのドラマ」のほうが圧倒的《あっとうてき》に多《おお》いことを意味《いみ》している。ときには、本来《ほんらい》の実力《じつりょく》をだしきれなかったり、いくつもの困難《こんなん》や不運《ふうん》にたちむかわなければならない選手《せんしゅ》もいる。でも、そんな選手《せんしゅ》たちこそ、高校野球《こうこうやきゅう》ファンの心《こころ》をとらえて離《はな》さない。

「10年《ねん》にひとりの逸材《いつざい》」といわれる実力《じつりょく》がありながら、それでも全国制覇《ぜんこくせいは》に届《とど》かなかったエースがいる。東北《とうほく》（宮城《みやぎ》）のダルビッシュ有投手《ゆうとうしゅ》（現《げん》・カブス）だ。

その才能《さいのう》は中学時代《ちゅうがくじだい》から高《たか》く評価《ひょうか》され、全国約《ぜんこくやく》50の高校《こうこう》から「ウチにきてくれ！」と誘《さそ》われたほど。高校入学時《こうこうにゅうがくじ》で身長《しんちょう》191センチ、投《な》げるボールは140キロ以上《いじょう》。変化球《へんかきゅう》も自在《じざい》にあやつるこの男《おとこ》がいれば、東北地方《とうほくちほう》の学校《がっこう》にとって初《はつ》の全国優勝《ぜんこくゆうしょう》も夢《ゆめ》ではないと、期待《きたい》を集《あつ》めていた。

成《せい》長《ちょう》痛《つう》とケガに苦《くる》しんだ3年間《ねんかん》 ダルビッシュ有《ゆう》（東北《とうほく》）

だが、そんなダルビッシュ投手《とうしゅ》を苦《くる》しめたのが度重《たびかさ》なるケガだ。もともと、骨《ほね》の成長《せいちょう》に筋肉《きんにく》や関節《かんせつ》の成長《せいちょう》が追《お》いつかず、ヒジやヒザの痛《いた》みをかかえる「成長痛《せいちょうつう》」に苦《くる》しんでいたが、甲子園《こうしえん》初登場《はつとうじょう》となった2003年春《ねんはる》、第《だい》75回《かい》センバツ大会《たいかい》では、つめかけた女性《じょせい》ファンに腕《うで》をひっぱられ、右《みぎ》わき腹《ばら》に全治《ぜんち》2週間《しゅうかん》という大《おお》ケガ。3回戦《かいせん》で敗退《はいたい》する原因《げんいん》となった。

その年《とし》の8月《がつ》、第《だい》85回夏《かいなつ》の甲子園《こうしえん》では1回《かい》戦《せん》で腰《こし》を痛《いた》め、途中降板《とちゅうこうばん》。なんとか決勝《けっしょう》にたどりついたものの、相手《あいて》は春《はる》・夏《なつ》あわせて優《ゆう》

伝《でん》説《せつ》こぼれ話《ばなし》

東北《とうほく》の悲願《ひがん》「白河《しらかわ》の関越《せきご》え」

高校野球《こうこうやきゅう》100年《ねん》の悲願《ひがん》、ともいわれるのが、東北地方《とうほくちほう》の学校《がっこう》による全国優勝《ぜんこくゆうしょう》だ。過去《かこ》、いくつもの学校《がっこう》が春《はる》・夏《なつ》それぞれの決勝《けっしょう》にすすみながらすべて敗退《はいたい》。さかのぼれば1915年《ねん》、記念《きねん》すべき第《だい》1回大会《かいたいかい》も秋田中《あきたちゅう》が準優《じゅんゆう》勝《しょう》。以降《いこう》、東北地方《とうほくちほう》の学校《がっこう》は春《はる》・夏《なつ》あわせて11回決勝戦《かいけっしょうせん》にすすみ、0勝《しょう》11敗《ぱい》。「天才《てんさい》」ダルビッシュ投手《とうしゅ》でも準優勝《じゅんゆうしょう》で涙《なみだ》をのみ、菊池《きくち》雄星投手《ゆうせいとうしゅ》（現《げん》・西武《せいぶ》）がいた花巻東《はなまきひがし》も2009年《ねん》センバツ決勝《けっしょう》は0対《たい》1で敗戦《はいせん》した。かつて東北地方《とうほくちほう》の入《い》り口《ぐち》に「白河《しらかわ》の関《せき》」と呼《よ》ばれる関所《せきしょ》があったことから、「優勝旗《ゆうしょうき》は白《しら》河《かわ》の関《せき》を越《こ》えるのか？」というのが毎回《まいかい》の注《ちゅう》目点《もくてん》。東北《とうほく》の悲願《ひがん》はいつかなうのだろうか？

勝《しょう》2回《かい》、準優勝《じゅんゆうしょう》2回《かい》を数《かぞ》える名将《めいしょう》、木内幸男監督《きうちゆきおかんとく》ひきいる茨城《いばらき》の常総学院《じょうそうがくいん》。ダルビッシュ投手《とうしゅ》でも万全《ばんぜん》の状態《じょうたい》でなければおさえられる相手《あいて》ではなく、2対《たい》4で敗《やぶ》れてしまう。

2004年《ねん》、第《だい》76回春《かいはる》のセンバツ大会《たいかい》では、1回戦《かいせん》の熊本工《くまもとこう》（熊本《くまもと》）戦《せん》で史上《しじょう》12度目《どめ》・10年《ねん》ぶりとなるノーヒットノーランを達成《たっせい》。しかし、2回戦《かいせん》を前《まえ》に今度《こんど》は右肩《みぎかた》を痛《いた》め、準々決勝《じゅんじゅんけっしょう》ではマウンドにもあがれなかった。試合《しあい》は東北《とうほく》が6対《たい》4とリードしながら、9回《かい》裏《うら》にまさかのサヨナラ3《スリー》ランを打《う》たれて敗戦《はいせん》。レフトを守《まも》っていたダルビッシュ投手《とうしゅ》は、自分《じぶん》の真上《まうえ》を飛《と》んでいくそのホームランをただ見送《みおく》ることしかできなかった。

高校生《こうこうせい》さいごの夏《なつ》の甲子園《こうしえん》では、1回戦《かいせん》、2回戦《かいせん》を連続完封《れんぞくかんぷう》。だが、3回戦《かいせん》では延長戦《えんちょうせん》の激闘《げきとう》の末《すえ》、1対《たい》3で敗退《はいたい》。ダルビッシュ投手《とうしゅ》は「さいごの打者《だしゃ》」として打席《だせき》に立《た》ち、見《み》逃《のが》し三振《さんしん》。のちのメジャーリーガーでも、甲子園優勝《こうしえんゆうしょう》は遠《とお》い夢《ゆめ》だった。

逆風《ぎゃくふう》つづきだったさいごの1年《ねん》　田中将大《たなかまさひろ》（駒大苫小牧《こまだいとまこまい》）

ダルビッシュ投手《とうしゅ》と同《おな》じ、のちのメジャーリーガー田中将大投手《たなかまさひろとうしゅ》（現《げん》・ヤンキース）も、駒大苫小牧《こまだいとまこまい》（南北海道《みなみほっかいどう》）でのさいごの1年《ねん》は苦《くる》しい経験《けいけん》がつづいた。

2005年《ねん》、第《だい》87回《かい》夏《なつ》の甲子園《こうしえん》では、2年《ねん》生《せい》ながらチームの主力投手《しゅりょくとうしゅ》として活躍《かつやく》。最速《さいそく》150キロのストレートと、「消《き》える魔球《まきゅう》」と呼《よ》ばれた130キロ台後半《だいこうはん》のスライダーを武器《ぶき》に、駒大苫小牧《こまだいとまこまい》の「夏連覇《なつれんぱ》」に貢献《こうけん》した田中投手《たなかとうしゅ》。キャプテンをまかされた秋以降《あきいこう》の新《しん》チームでも負《ま》け知《し》らず。翌年《よくとし》の春《はる》、第《だい》78回《かい》センバツ大会《たいかい》でも優勝候補大本命《ゆうしょうこうほだいほんめい》だった。

ところが、センバツ開幕直前《かいまくちょくぜん》に、卒業間近《そつぎょうまぢか》の3年生部員《ねんせいぶいん》による不祥事《ふしょうじ》（規則《きそく》をやぶること）が見《み》つかり、現役部員《げんえきぶいん》はなにも悪《わる》くなかったのに、学校《がっこう》がセンバツ出場辞退《しゅつじょうじたい》を決定《けってい》。田中投手《たなかとうしゅ》は絶好調《ぜっこうちょう》にもかかわらず、マウンドに立《た》つチャンスをうばわれてしまった。

伝《でん》説《せつ》こぼれ話《ばなし》

劇的《げきてき》に負《ま》けつづけたエース

「甲子園《こうしえん》での負《ま》けっぷり」といえば、「岡山《おかやま》のダルビッシュ」と呼《よ》ばれた関西《かんさい》のダース・ローマシュ匡投手《たすくとうしゅ》（元《もと》・日本《にっぽん》ハム）もはずせない。2005年夏《ねんなつ》の甲子園《こうしえん》、京都外大西戦《きょうとがいだいにしせん》では6点《てん》リードしながら、8回《かい》、9回《かい》で8点《てん》とられて逆転負《ぎゃくてんま》け。2006年春《ねんはる》のセンバツでは早稲田実《わせだじつ》の斎藤佑樹投手《さいとうゆうきとうしゅ》（現《げん》・日本《にっぽん》ハム）と投《な》げあい、延長《えんちょう》15回引《かいひ》き分《わ》け。翌日《よくじつ》の再試合《さいしあい》は右肩《みぎかた》の痛《いた》みで投《な》げることができず、チームも逆転負《ぎゃくてんま》けを許《ゆる》した。さいごの夏《なつ》、文星芸大付属戦《ぶんせいげいだいふぞくせん》では10対《たい》7でむかえた9回裏《かいうら》に4点《てん》をうばわれてサヨナラ負《ま》け。ヒザからくずれおちるようにマウンドでうなだれたダース投手《とうしゅ》の姿《すがた》は、まさに悲劇《ひげき》のエースだった。

その一方《いっぽう》で、全国《ぜんこく》の強豪校《きょうごうこう》が田中投手《たなかとうしゅ》のスライダーを打《う》つための特訓《とっくん》をしていることが耳《みみ》にはいってきた。試合《しあい》から遠《とお》ざかっていたあせりもあったのか、田中投手《たなかとうしゅ》は「もっと速《はや》い球《たま》を投《な》げてやろう。もっとまげてやろう」と考《かんが》えてしまい、結果《けっか》として投球《とうきゅう》フォームをくずしてしまう。球速《きゅうそく》はなかなか150キロにもどらず、変化球《へんかきゅう》のキレも失《うしな》ってしまった。

それでも、「夏《なつ》3連覇《れんぱ》」という大偉業《だいいぎょう》をめざし、2006年夏《ねんなつ》の甲子園大会《こうしえんたいかい》に勝《か》ちあがってきた田中投手《たなかとうしゅ》。ところが今度《こんど》は、大会直前《たいかいちょくぜん》にウイルス性胃腸炎《せいいちょうえん》でダウン。体温《たいおん》は38度《ど》を超《こ》え、汗《あせ》がとまらない日々《ひび》がつづく。どうにかこうにかマウンドにはあがったものの、いつもならありえないような不甲斐《ふがい》ない投球《とうきゅう》ばかり。なんとか早稲田実《わせだじつ》との決勝戦《けっしょうせん》にまですすんだが、決勝引《けっしょうひ》き分《わ》け再試合《さいしあい》の末《すえ》、敗退《はいたい》。田中投手《たなかとうしゅ》は「さいごの打者《だしゃ》」として打席《だせき》に立《た》ち、空振《からぶ》り三振《さんしん》。駒大苫小牧《こまだいとまこまい》にとって悲願《ひがん》の夏《なつ》3連覇《れんぱ》はならなかった。

“魔物《まもの》”と“不運《ふうん》な判定《はんてい》”に泣《な》いた男《おとこ》　野村祐輔《のむらゆうすけ》（広陵《こうりょう》）

優勝《ゆうしょう》まであと一歩《いっぽ》にせまりながら「甲子園《こうしえん》という魔物《まもの》」の前《まえ》に力《ちから》つきたのが、広陵《こうりょう》（広《ひろ》島《しま》）のエース、野村祐輔投手《のむらゆうすけとうしゅ》（現《げん》・広島《ひろしま》）だ。2007年《ねん》、第《だい》89回夏《かいなつ》の甲子園《こうしえん》に出場《しゅつじょう》した広陵《こうりょう》は、夏《なつ》の甲子園《こうしえん》で３年連続《ねんれんぞく》決勝進出中《けっしょうしんしゅつちゅう》だった駒大苫小牧《こまだいとまこまい》や、その年《とし》の春《はる》のセンバツ王者《おうじゃ》、常葉学園菊川《じょうようがくえんきくがわ》（静岡《しずおか》）など優勝候補《ゆうしょうこうほ》をつぎつぎにやぶり、決勝戦《けっしょうせん》に進出《しんしゅつ》。相手《あいて》は、劇的《げきてき》な試合《しあい》ばかりで「ミラクル佐賀北《さがきた》」と呼《よ》ばれ、人気《にんき》を集《あつ》めていた佐賀北《さがきた》（佐賀《さが》）だった。

多《おお》くのひとの「優勝《ゆうしょう》するのは広陵《こうりょう》だろう」という試合前《しあいまえ》の予想《よそう》どおり、決勝戦《けっしょうせん》は８回表《かいおもて》を終《お》わって４対《たい》０で広陵《こうりょう》がリード。野村投手《のむらとうしゅ》は佐賀北打線《さがきただせん》をヒット１本《ぽん》におさえていた。

だが、８回裏《かいうら》。野村投手《のむらとうしゅ》は連打《れんだ》をあび、１《ワン》アウト一、二塁《るい》と、この試合《しあい》はじめてのピンチ。すると状況《じょうきょう》は一変《いっぺん》。多《おお》くの観客《かんきゃく》が佐賀北《さがきた》の「ミラクル」を期待《きたい》し、球場中《きゅうじょうじゅう》が佐賀北《さがきた》の応援団《おうえんだん》のような空気《くうき》になってしまったのだ。異様《いよう》な空気《くうき》が野村投手《のむらとうしゅ》にとってプレッシャーになったのか、ストライクがはいらなくなり、フォアボールで満塁《まんるい》。さらに、ストライクに見《み》える球《たま》もボールと判定《はんてい》される不運《ふうん》がつづき、押《お》し出《だ》して１点《てん》を与《あた》えてしまう。

なおも１《ワン》アウト満塁《まんるい》という大《だい》ピンチ。打席《だせき》にはこの大会《たいかい》でホームラン２本《ほん》と好調《こうちょう》の３番《ばん》、副島浩史選手《そえじまひろしせんしゅ》。失投《しっとう》は許《ゆる》されないこの状況《じょうきょう》で、つかれからか、プレッシャーからか、野村投手《のむらとうしゅ》が投《な》げたこの試合《しあい》１２７球目《きゅうめ》は、信《しん》じられないほどあまい球《たま》。副島選手《そえじませんしゅ》がバットをふると、打球《だきゅう》はレフトスタンドへ。奇跡《きせき》のような逆転満塁《ぎゃくてんまんるい》ホームランに、甲子園《こうしえん》はゆれた。

剛速球《ごうそっきゅう》と「消《き》える魔球《まきゅう》」をあやつる田中将大投手《たなかまさひろとうしゅ》（駒大苫小牧《こまだいとまこまい》）だったが3連覇《れんぱ》には届《とど》かず

最終回《さいしゅうかい》、4対《たい》5と1点《てん》を追《お》いかける広陵《こうりょう》。さいごは野《の》村《むら》投手《とうしゅ》が打席《だせき》に立《た》ち、空振《からぶ》り三振《さんしん》でゲームセット。野《の》村《むら》投手《とうしゅ》はまさかの逆転《ぎゃくてん》負《ま》けで優勝投手《ゆうしょうとうしゅ》になれなかった。

甲子園《こうしえん》が終《お》わっても、物語《ものがたり》はつづく

ダルビッシュ投手《とうしゅ》、田中投手《たなかとうしゅ》、そして野村投手《のむらとうしゅ》。ケガや体調不良《たいちょうふりょう》、出場辞退《しゅつじょうじたい》、不運《ふうん》な判定《はんてい》など、不本意《ふほんい》な形《かたち》で実力《じつりょく》を発揮《はっき》しきれなかった男《おとこ》たち。しかも、「さいごの打者《だしゃ》」として甲子園《こうしえん》に別《わか》れを告《つ》げている。そのくやしさを忘《わす》れず、つぎのステージにすすんだからこそ、プロの世界《せかい》でもチームのエースとなり、最多勝《さいたしょう》などのタイトルを手《て》にすることができた。野球《やきゅう》という物語《ものがたり》は高校《こうこう》で終《お》わるのではなく、そこからさきもずっとつづくのだ。

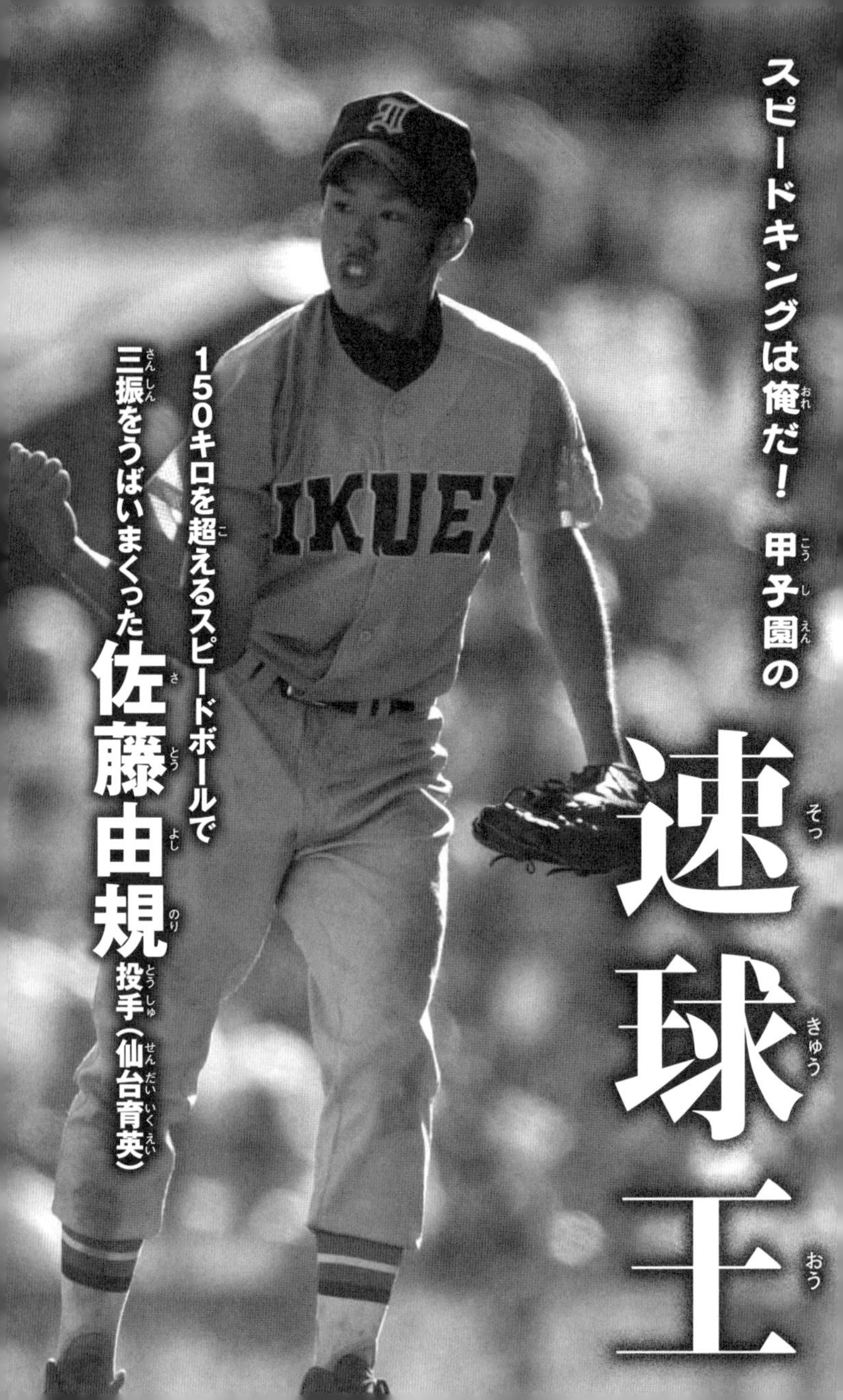
スピードキングは俺《おれ》だ! 甲子園《こうしえん》の
速《そっ》球《きゅう》王《おう》
150キロを超《こ》えるスピードボールで
三振《さんしん》をうばいまくった
佐藤由規《さとうよしのり》投手《とうしゅ》(仙台育英《せんだいいくえい》)

「平成《へいせい》の怪物《かいぶつ》」がこわした〝150キロの壁《かべ》〟

甲子園球場《こうしえんきゅうじょう》でくりひろげられる、球児《きゅうじ》たちの熱戦《ねっせん》。勝敗《しょうはい》とは関係《かんけい》のないプレーでも、たった1球《きゅう》で球場《きゅうじょう》の空気《くうき》がガラリとかわる瞬間《しゅんかん》がある。そのひとつが、甲子園球場《こうしえんきゅうじょう》の球速《きゅうそく》表示《ひょうじ》で「１５０キロ」と計測《けいそく》されたときだ。１５０キロ以上《いじょう》の剛速球《ごうそっきゅう》を投《な》げる投手《とうしゅ》はプロの世界《せかい》にだってそれほど多《おお》くはいないのだから、高校生《こうこうせい》で投《な》げることができれば、それだけで「超高校級《ちょうこうこうきゅう》」と呼《よ》ばれる存在《そんざい》になるのだ。

春《はる》と夏《なつ》の甲子園《こうしえん》を通《つう》じて、はじめてこの「１５０キロ」を記録《きろく》したのは、１９９８年《ねん》、「平成《へいせい》の怪物《かいぶつ》」と呼《よ》ばれた松坂大輔《まつざかだいすけ》投手《とうしゅ》だ。あれから20年《ねん》、１５０キロ球児《きゅうじ》の数《かず》は少《すこ》しずつ増《ふ》えてきた。「１５０キロの壁《かべ》」を突破《とっぱ》した速球王《そっきゅうおう》たちの活躍《かつやく》ぶりをふりかえろう。

155キロを投《な》げた〝みちのくのプリンスK《ケー》〟佐藤由規《さとうよしのり》（仙台育英《せんだいいくえい》）

高校生《こうこうせい》が甲子園《こうしえん》で投《な》げた最速記録《さいそくきろく》は１５５キロ。過去《かこ》にたったふたりしか存在《そんざい》しない。

そのさいしょの投手《とうしゅ》が２００７年夏《ねんなつ》、仙台育英《せんだいいくえい》（宮城《みやぎ》）のエースで、「みちのくのプリンスK《ケー》」（※「K《ケー》」は三振《さんしん》の意味《いみ》）と呼《よ》ばれた佐藤由規投手《さとうよしのりとうしゅ》（現《げん》・ヤクルト）だ。

由規投手《よしのりとうしゅ》がはじめて甲子園《こうしえん》のマウンドをふんだのは、２年生《ねんせい》だった２００６年《ねん》、第《だい》88回《かい》夏《なつ》の甲子園《こうしえん》。じつは大会前《たいかいまえ》から、ちょっとした評判《ひょうばん》の投手《とうしゅ》だった。なぜなら、甲子園出場《こうしえんしゅつじょう》をかけた宮城大会決勝戦《みやぎたいかいけっしょうせん》が死闘《しとう》だったからだ。ライバルである東北高校《とうほくこうこう》との対戦《たいせん》は、０対《たい》０の投手戦《とうしゅせん》で延長戦《えんちょうせん》に。由規投手《よしのりとうしゅ》は延長《えんちょう》14回《かい》までヒット１本《ぽん》しか許《ゆる》さない好投《こうとう》を見《み》せると、延長《えんちょう》15回《かい》には２《ツー》アウト満塁《まんるい》の大《だい》ピンチにも耐《た》え、引《ひ》き分《わ》け再試合《さいしあい》に。15回《かい》２２６球《きゅう》を投《な》げぬいた由規投手《よしのりとうしゅ》は、翌日《よくじつ》の決勝再試合《けっしょうさいしあい》でも完投《かんとう》。２日間《ふつかかん》24イニングをひとりで投《な》げきり、ストレートの最速《さいそく》は１４７キロを記録《きろく》していた。

甲子園大会《こうしえんたいかい》でも、由規投手《よしのりとうしゅ》の剛速球《ごうそっきゅう》はフル回転《かいてん》。１回戦《かいせん》から11個《こ》の三振《さんしん》をうばうと、つぎの２回戦《かいせん》では、試合《しあい》には負《ま》けたものの13奪三振《だつさんしん》。球速《きゅうそく》は１４５キロを記録《きろく》し、その名《な》は一躍《いちやく》、全国区《ぜんこくく》になった。

２００７年春《ねんはる》、第《だい》79回《かい》センバツ大会《たいかい》では、試合《しあい》１週間前《しゅうかんまえ》の練習試合《れんしゅうじあい》であたったデッドボールで左手《ひだりて》を骨折《こっせつ》してしまうアクシデント。だが、痛《いた》みをこらえながらマウンドに登《のぼ》った由規投手《よしのりとうしゅ》は、14奪三振《だつさんしん》を記録《きろく》。１対《たい》２で試合《しあい》には負《ま》けてしまったものの、球速《きゅうそく》はついに

150キロを記録《きろく》した。

　そしてむかえた2007年《ねん》、第《だい》89回夏《かいなつ》の甲子園大会《こうしえんたいかい》。1回戦《かいせん》の智弁和歌山《ちべんわかやま》（和歌山《わかやま》）戦《せん》では、150キロを超《こ》える球《たま》を連発《れんぱつ》して、17奪三振《だつさんしん》を記録《きろく》。さいごの打者《だしゃ》は手《て》も足《あし》もだすことができず、試合《しあい》は4対《たい》2で仙台育英《せんだいいくえい》が勝利《しょうり》した。

　つづく2回戦《かいせん》、智弁学園《ちべんがくえん》（奈良《なら》）との試合《しあい》で、あらたな歴史《れきし》の扉《とびら》がひらいた。4回裏《かいうら》、カウント1《ワン》ボール2《ツー》ストライクからの4球目《きゅうめ》、捕手《ほしゅ》のミットにボールがつきささると、スコアボードに表示《ひょうじ》された数字《すうじ》は「155キロ」。テレビの実況《じっきょう》アナウンサーは、「155キ

甲子園《こうしえん》球速《きゅうそく》ランキング

1位 155キロ
安楽智大（2013年夏／済美・愛媛）
佐藤由規（2007年夏／仙台育英・宮城）

3位 154キロ
菊池雄星（2009年夏／花巻東・岩手）
今宮健太（2009年夏／明豊・大分）
寺原隼人（2001年夏／日南学園・宮崎）

6位 153キロ
藤浪晋太郎（2012年春夏／大阪桐蔭・大阪）
釜田佳直（2011年夏／金沢・石川）
北方悠誠（2011年夏／唐津商・佐賀）
平生拓也（2008年春／宇治山田商・京都）

10位 152キロ
今井達也（2016年夏／作新学院・栃木）
高田萌生（2016年夏／創志学園・岡山）
西浦健太（2010年春／天理・奈良）
辻内崇伸（2005年夏／大阪桐蔭・大阪）

14位 151キロ
小笠原慎之介（2015年夏／東海大相模・神奈川）
大嶺祐太（2006年夏／八重山商工・沖縄）
山口俊（2005年春／柳ヶ浦・大分）
新垣渚（1998年夏／沖縄水産・沖縄）
松坂大輔（1998年夏／横浜・神奈川）

ロ！　甲子園最速《こうしえんさいそく》ぅー!!」と声《こえ》をはりあげ、甲子園球場《こうしえんきゅうじょう》には「うおぉおぉ」と大歓声《だいかんせい》がひびきわたった。試合《しあい》には敗《やぶ》れたものの、甲子園《こうしえん》の歴史《れきし》にたしかな足跡《そくせき》をのこしたのだ。

⚾155キロを投《な》げた〝愛媛《えひめ》の怪童《かいどう》〟安楽智大《あんらくともひろ》（済美《さいび》）

つぎにこの155キロを記録《きろく》したのが、2013年《ねん》、第《だい》95回夏《かいなつ》の甲子園《こうしえん》に出場《しゅつじょう》した済美《さいび》（愛媛《えひめ》）の2年生《ねんせい》エース、安楽智大投手《あんらくともひろとうしゅ》（現《げん》・楽天《らくてん》）だ。

小学《しょうがく》6年生《ねんせい》にして球速《きゅうそく》125キロを投《な》げ、「愛媛《えひめ》の怪童《かいどう》」と呼《よ》ばれていた安楽投手《あんらくとうしゅ》。高校入学後《こうにゅうがくご》すぐに140キロを投《な》げ、1年秋《ねんあき》にはもうエースナンバー「1」を背負《せお》っていた。

2013年春《ねんはる》、第《だい》85回《かい》センバツ大会《たいかい》に出場《しゅつじょう》すると、初戦《しょせん》の広陵《こうりょう》（広島《ひろしま》）戦《せん》で延長《えんちょう》13回《かい》、232球《きゅう》を投《な》げて3失点完投勝利《しってんかんとうしょうり》。その後《ご》も、準決勝《じゅんけっしょう》まですべて完投勝利《かんとうしょうり》をおさめた。決勝《けっしょう》では敗《やぶ》れてしまったが、この大会《たいかい》で記録《きろく》した152キロは、田中将大投手《たなかまさひろとうしゅ》（現《げん》・ヤンキース）などが記録《きろく》した150キロを抜《ぬ》き、「2年生《ねんせい》での甲子園大会史上最速記録《こうしえんたいかいしじょうさいそくきろく》」となった。

だが、安楽投手《あんらくとうしゅ》はこの数字《すうじ》に満足《まんぞく》していなかった。高校《こうこう》に入学《にゅうがく》したときにかかげていた目標《もくひょう》は、160キロを投《な》げること。その目標《もくひょう》に近《ちか》づくため、さらにトレーニングをつんだ安楽投手《あんらくとうしゅ》は、愛媛大会《えひめたいかい》で「157キロ」を記録《きろく》。剛速球《ごうそっきゅう》で愛媛《えひめ》の強豪校《きょうごうこう》をつぎつぎと倒《たお》し、夏《なつ》の甲子園《こうしえん》への出場《しゅつじょう》をきめた。

2013年《ねん》夏《なつ》、ふたたび甲子園《こうしえん》にもどってきた安楽投手《あんらくとうしゅ》は、初戦《しょせん》でいきなり「155キロ」を記録《きろく》。佐藤由規投手《さとうよしのりとうしゅ》にならぶ「甲子園大会史上最速《こうしえんたいかいしじょうさいそく》タイ記録《きろく》」に、甲子園球場《こうしえんきゅうじょう》はおどろきにつつまれた。

残念《ざんねん》ながらこの大会《たいかい》のあと、右《みぎ》ヒジを痛《いた》めてしまって目標《もくひょう》の160キロには届《とど》かなかったが、速球王《そっきゅうおう》・安楽投手《あんらくとうしゅ》の名《な》は高校野球《こうこうやきゅう》ファンの記憶《きおく》にしっかりときざまれた。その後《ご》、安楽投手以上《あんらくとうしゅいじょう》のスピードボールは甲子園大会《こうしえんたいかい》では生《う》まれていない。

伝説《でんせつ》こぼれ話《ばなし》

安楽智大《あんらくともひろ》と〝3つの約束《やくそく》〟

安楽投手《あんらくとうしゅ》は高校《こうこう》に入学《にゅうがく》するとき、済美《さいび》の上甲正典監督《じょうこうまさのりかんとく》と「3つの約束《やくそく》」を交《か》わしていた。その3つとは『甲子園《こうしえん》で優勝《ゆうしょう》すること』『ドラフト1位《い》で球速《きゅうそく》160キロをだすこと』『プロ野球《やきゅう》にいくこと』。だが、甲子園優勝《こうしえんゆうしょう》の約束《やくそく》がかなわなかった3年《ねん》夏《なつ》の終《お》わり、上甲《じょうこう》監督《かんとく》は病気《びょうき》で突然《とつぜん》、帰《かえ》らぬひとになってしまう。安楽投手《あんらくとうしゅ》は上甲監督《じょうこうかんとく》とのお別《わか》れの会《かい》で、「監督《かんとく》さんと約束《やくそく》をした球速《きゅうそく》160キロのボールにも挑戦《ちょうせん》しつづけます」とあいさつ。その後《ご》、ドラフト会議《かいぎ》でプロ野球《やきゅう》の楽天《らくてん》に1位指名《いしめい》され、約束《やくそく》のひとつはクリアした。のこる約束《やくそく》、球速《きゅうそく》160キロへの挑戦《ちょうせん》は、プロ野球《やきゅう》の世界《せかい》でこれからもつづいていく。

寺《てら》原《はら》隼《はや》人《と》、今《いま》宮《みや》健《けん》太《た》、菊《きく》池《ち》雄《ゆう》星《せい》。１５４キロを投《な》げた男《おとこ》たち

最速《さいそく》１５５キロにはわずかにおよばなかったが、１５４キロを投《な》げた球児《きゅうじ》も３人《にん》いる。そのひとりが、日南学園《にちなんがくえん》（宮崎《みやざき》）のエースとして２００１年《ねん》、第《だい》83回夏《かいなつ》の甲子園《こうしえん》に出場《しゅつじょう》した寺原隼人投手《てらはらはやととうしゅ》（現《げん》・ソフトバンク）だ。この大会《たいかい》で、寺原投手《てらはらとうしゅ》は１５０キロ台《だい》のストレートを連発《れんぱつ》。１５４キロは当時《とうじ》の甲子園最速記録《こうしえんさいそくきろく》。また、メジャーリーグのスカウトが持《も》ってきたスピードガンでは１５７キロと表示《ひょうじ》されたこともあった。

２００９年《ねん》、第《だい》91回夏《かいなつ》の甲子園大会《こうしえんたいかい》に登場《とうじょう》したのが、明豊《めいほう》（大分《おおいた》）の今宮健太投手《いまみやけんたとうしゅ》（現《げん》・ソフトバンク）。身長《しんちょう》１７１センチの小《ちい》さな体《からだ》からは想像《そうぞう》できない剛速球《ごうそっきゅう》を投《な》げ、甲子園《こうしえん》で１５４キロを記録《きろく》。ひとは彼《かれ》を「小《ちい》さな巨人《きょじん》」と呼《よ》んだ。

今宮投手《いまみやとうしゅ》と同《おな》じ２００９年《ねん》、夏《なつ》の甲子園大会《こうしえんたいかい》に出場《しゅつじょう》した花巻東《はなまきひがし》（岩手《いわて》）のエース菊池雄星投手《きくちゆうせいとうしゅ》（現《げん》・西武《せいぶ》）は、初戦《しょせん》でいきなり１５３キロを投《な》げて周囲《しゅうい》をおどろかせると、岩手県《いわてけん》の高校《こうこう》として41年《ねん》ぶりのベスト8《エイト》進出《しんしゅつ》をきめた試合《しあい》で、自己最速《じこさいそく》の１５４キロをマーク。これはいまでも、左投《ひだりな》げの投手《とうしゅ》では甲子園歴代最速記録《こうしえんれきだいさいそくきろく》だ。

メジャーリーグでも大活躍《だいかつやく》の大谷翔平投手《おおたにしょうへいとうしゅ》（花巻東《はなまきひがし》）は岩手大会《いわてたいかい》で160キロをマーク！

史上初《しじょうはつ》の高校生《こうこうせい》160キロ
大谷翔平《おおたにしょうへい》（花巻東《はなまきひがし》）

甲子園球場《こうしえんきゅうじょう》ではないが、高校野球史上最速《こうこうやきゅうしじょうさいそく》のボールを投《な》げた選手《せんしゅ》は他《ほか》にいる。菊池投手《きくちとうしゅ》と同《おな》じ花巻東《はなまきひがし》のエースとして活躍《かつやく》した大谷翔平《おおたにしょうへい》（現《げん》・エンゼルス）投手《とうしゅ》だ。2012年夏《ねんなつ》、岩手大会《いわてたいかい》の準決勝《じゅんけっしょう》、一関学院戦《いちのせきがくいんせん》において、高校生史上初《こうこうせいしじょうはつ》となる球速《きゅうそく》160キロを記録《きろく》。一躍《いちやく》、メジャーリーグからも注目《ちゅうもく》される存在《そんざい》となった。

大谷投手《おおたにとうしゅ》は高校卒業後《こうこうそつぎょうご》、北海道日本《ほっかいどうにっぽん》ハムファイターズで日本《にほん》プロ野球記録《やきゅうきろく》となる165キロを投《な》げ、日本中《にほんじゅう》を大《おお》いにおどろかせている。その伝説《でんせつ》のはじまりは、高校《こうこう》時代《じだい》の甲子園《こうしえん》をめざす日々《ひび》にあったのだ。

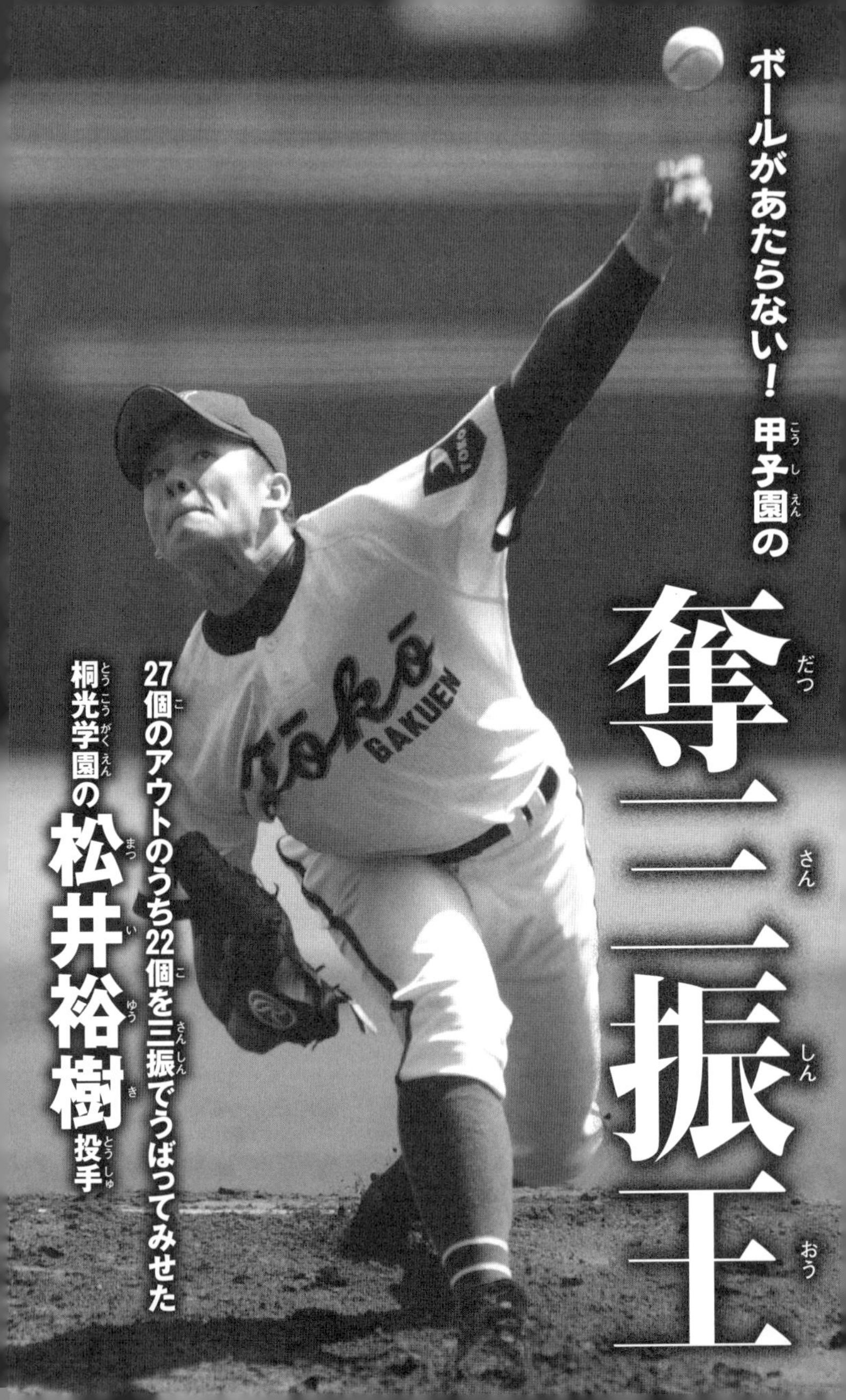

ボールがあたらない！ 甲《こう》子《し》園《えん》の
奪《だつ》三《さん》振《しん》王《おう》

27個《こ》のアウトのうち22個《こ》を三《さん》振《しん》でうばってみせた

桐《とう》光《こう》学《がく》園《えん》の
松《まつ》井《い》裕《ゆう》樹《き》投《とう》手《しゅ》

「奪三振《だつさんしん》の専門家《せんもんか》」。それが〝ドクターK《ケー》〟

投手《とうしゅ》にとって「究極《きゅうきょく》のピッチング」は2種類《しゅるい》ある。ひとつは、9イニングすべてのアウトを、打者《だしゃ》ひとりにつき1球《きゅう》だけ投《な》げて打《う》たせてとる「1試合《しあい》27球完全試合《きゅうかんぜんじあい》」。そしてもうひとつが、27アウトすべてが三振《さんしん》という「1試合《しあい》27奪三振完全試合《だつさんしんかんぜんじあい》」だ。

どちらも実現《じつげん》はまず不可能《ふかのう》な記録《きろく》だが、「27球完全試合《きゅうかんぜんじあい》」の場合《ばあい》、味方選手《みかたせんしゅ》がエラーしない、という条件《じょうけん》も必要《ひつよう》だ。一方《いっぽう》の「27奪三振完全試合《だつさんしんかんぜんじあい》」は、投手《とうしゅ》の力《ちから》だけでも達成《たっせい》することはできる。必要《ひつよう》なのは、三振《さんしん》がほしいときにねらってとることができる「決《き》め球《だま》」を持《も》っていること。そして、そんな投手《とうしゅ》はきまって「ドクターK《ケー》」という特別《とくべつ》なニックネームで呼《よ》ばれるようになる。「K《ケー》」は「三振《さんしん》」の意味《いみ》で、「ドクター」は「専門家《せんもんか》」の意味《いみ》。

つまり、「ドクターK《ケー》」とは、「奪三振《だつさんしん》の専門家《せんもんか》」という意味《いみ》なのだ。

驚異《きょうい》の「1試合《しあい》22奪三振《だつさんしん》」 松井裕樹《まついゆうき》（桐光学園《とうこうがくえん》）

甲子園《こうしえん》の長《なが》い歴史《れきし》において、この「27奪三振《だつさんしん》」にもっとも近《ちか》づいた投手《とうしゅ》が、2012年《ねん》、

第《だい》94回夏《かいなつ》の甲子園大会《こうしえんたいかい》において、「1試合《しあい》22奪三振《だつさんしん》」というとんでもない記録《きろく》をつくった桐光学園《とうこうがくえん》（神奈川《かながわ》）の左腕《さわん》エース、松井裕樹投手《まついゆうきとうしゅ》（現《げん》・楽天《らくてん》）だ。

1回戦《かいせん》、今治西《いまばりにし》（愛媛《えひめ》）との試合《しあい》で先発《せんぱつ》した松井投手《まついとうしゅ》は、1回《かい》、2回《かい》のアウト6つをすべて三振《さんしん》でうばう好《こう》スタート。スライダーがつぎつぎにきまり、今治西打線《いまばりにしだせん》のバットはくるくるまわりつづけた。6回表《かいおもて》にヒットを打《う》たれ、ノーヒットノーランは逃《のが》してしまったが、むしろ松井投手《まついとうしゅ》の真骨頂《しんこっちょう》はここから。6回《かい》さいごのアウトから試合《しあい》が終《お》わるまで、なんとすべてのアウトを三振《さんしん》でうばってみせたのだ。

この試合《しあい》、終《お》わってみれば、松井投手《まついとうしゅ》が打《う》たれたヒットはたった2本《ほん》。バットにあてられたのもたったの9度《ど》。「1試合《しあい》22奪三振《だつさんしん》」は、それまでの「1試合《しあい》19奪三振《だつさんしん》」を抜《ぬ》き、大会新記録《たいかいしんきろく》（※延長《えんちょう》なしの場合《ばあい》）。おまけに、6回《かい》から9回《かい》にかけて記録《きろく》した「10者連続《しゃれんぞく》奪三振《だつさんしん》」は史上初《しじょうはつ》の快挙《かいきょ》だった。

松井投手《まついとうしゅ》は、つぎの2回戦《かいせん》でも19個《こ》の三振《さんしん》を記録《きろく》。「2戦合計《せんごうけい》で三振《さんしん》41個《こ》」は、1958年《ねん》、第《だい》40回大会《かいたいかい》で徳島商《とくしましょう》（徳島《とくしま》）の板東英二投手《ばんどうえいじとうしゅ》（元《もと》・中日《ちゅうにち》）がつくった「2戦《せん》合計《ごうけい》で三振《さんしん》40個《こ》」を抜《ぬ》き、歴代《れきだい》1位《い》。また、「2試合連続毎回奪三振《しあいれんぞくまいかいだつさんしん》」は史上《しじょう》5人目《にんめ》の快《かい》挙《きょ》。そんな彼《かれ》を、ファンは「神奈川《かながわ》のドクターK《ケー》」と呼《よ》んだ。

松井投手《まついとうしゅ》はなぜ、こんなにも三振《さんしん》がとれたのか？　その一番《いちばん》の理由《りゆう》は、打者《だしゃ》の目《め》の前《まえ》で大《おお》きくまがるスライダーにあった。高《たか》めのボールかと思《おも》ったら、そこからまがってストライク。ストライクと思《おも》ってバットをふったらボールゾーンにおちて空振《からぶ》り。しかも松井投《まついとう》手《しゅ》の場合《ばあい》、ストレートとスライダーの投球《とうきゅう》フォームがまったく一緒《いっしょ》で、どちらのボールなのかを見極《みきわ》めることは高校生《こうこうせい》レベルではほぼ不可能《ふかのう》。こんなすごい投球《とうきゅう》を2年生《ねんせい》にしてやってのけたのだから、甲子園《こうしえん》ファンの受《う》けた衝撃《しょうげき》はあまりにも強烈《きょうれつ》だった。

甲子園《こうしえん》の奪三振記録《だつさんしんきろく》

通算最多奪三振《つうさんさいただつさんしん》

150個
(1983年夏～1985年夏／5大会)
桑田真澄(PL学園・大阪)

1大会《たいかい》での最多奪三振《さいただつさんしん》

春：60個(1973年／4試合)
江川卓(作新学院・栃木)

夏：83個(1958年／6試合)
板東英二(徳島商・徳島)
※板東英二の記録は延長戦(18回)を1試合、引き分け再試合を1試合ふくむ

1試合《しあい》での最多奪三振《さいただつさんしん》

春：21個(1963年)
戸田善紀(PL学園・大阪)

夏：22個(2012年)
松井裕樹(桐光学園・神奈川)
※1試合での最多奪三振記録は延長戦での記録はふくまない

連続奪三振記録《れんぞくだつさんしんきろく》

10連続(2012年夏)
松井裕樹(桐光学園・神奈川)

驚異《きょうい》のスタミナでつみあげた三振数《さんしんすう》
斎藤佑樹《さいとうゆうき》（早稲田実《わせだじつ》）

第《だい》94回夏《かいなつ》の甲子園大会《こうしえんたいかい》をとおして、松井投《まついとう》手《しゅ》がうばった三振《さんしん》の数《かず》は、歴代《れきだい》3位《い》の68個《こ》（※左投手《ひだりとうしゅ》では歴代《れきだい》1位《い》）。この松井投手以上《まついとうしゅいじょう》に大会《たいかい》をとおして「三振《さんしん》の山《やま》」をきずいたのが、2006年《ねん》8月《がつ》、第《だい》88回夏《かいなつ》の甲子園大会《こうしえんたいかい》に出場《しゅつじょう》した早稲田実《わせだじつ》（西東京《にしとうきょう》）のエース、斎《さい》藤佑樹投手《とうゆうきとうしゅ》（現《げん》・日本《にっぽん》ハム）だ。

斎藤投手《さいとうとうしゅ》は、打者《だしゃ》の手前《てまえ》でググッとのびるようなキレのあるストレートと、投《な》げるたびに力強《ちからづよ》さをます驚異的《きょういてき》なスタミナを武器《ぶき》に、毎試合《まいしあい》、安定《あんてい》して三振《さんしん》を記録《きろく》。この斎藤投手《さいとうとうしゅ》

伝説《でんせつ》こぼれ話《ばなし》

高校記録《こうこうきろく》は1試合《しあい》26奪三振《だつさんしん》!?

甲子園大会《こうしえんたいかい》での1試合《しあい》（9イニング）最多《さいた》奪三振記録《だつさんしんきろく》は松井裕樹投手《まついゆうきとうしゅ》の「22」。だが、地方大会《ちほうたいかい》ではもっとすごい記録《きろく》があった。2017年《ねん》4月《がつ》14日《にち》の茨城大会《いばらきたいかい》水戸地区予選《みとちくよせん》1回戦《かいせん》、笠間高校《かさまこうこう》の藤田彪吾投手《ふじたひょうごとうしゅ》が、水戸桜《みとさくら》ノ牧高常北《まきこうじょうほく》相手《あいて》に毎回《まいかい》の「26奪三振《だつさんしん》」、つまり、ひとつのアウト以外《いがい》すべてのアウトが三振《さんしん》、というとんでもないピッチングをしたのだ。コールドゲームにならなかったこと、風《かぜ》が強《つよ》くてストレートの威力《いりょく》が普段《ふだん》よりましていたことなど、いくつもの条件《じょうけん》がかさなったことで達成《たっせい》できたという。この試合《しあい》の観客《かんきゃく》は約《やく》50人《にん》。目撃《もくげき》したひとはごくわずかだが、公式戦《こうしきせん》で達成《たっせい》された立派《りっぱ》な大記録《だいきろく》だ。

の活躍《かつやく》でチームは決勝戦《けっしょうせん》に進出《しんしゅつ》し、「夏《なつ》3連覇《れんぱ》」という大偉業《だいいぎょう》をめざしていた駒大苫小牧《こまだいとまこまい》(南北海道《みなみほっかいどう》)との決勝戦《けっしょうせん》にのぞんだ。ところが、延長《えんちょう》15回《かい》までいっても決着《けっちゃく》がつかず、引《ひ》き分《わ》け再試合《さいしあい》に。その結果《けっか》、通常《つうじょう》、6試合勝《しあいか》てば優勝《ゆうしょう》できる甲子園《こうしえん》において、斎藤投手《さいとうとうしゅ》は7試合《しあい》に登板《とうばん》。大会通算投球回数《たいかいつうさんとうきゅうかいすう》「69」、大会通算投球数《たいかいつうさんとうきゅうすう》「９４８」といった、数々《かずかず》の歴代《れきだい》1位《い》を記録《きろく》することに。そして、大会通算三振数《たいかいつうさんさんしんすう》「78」は、第《だい》40回大会《かいたいかい》での徳島商《とくしましょう》・板東英二投手《ばんどうえいじとうしゅ》(元《もと》・中日《ちゅうにち》)の「83」につぐ、歴代《れきだい》2位《い》となった。

「神奈川《かながわ》のドクターK《ケー》」から「平成《へいせい》の新《しん》ドクターK《ケー》」へ

斎藤佑樹投手《さいとうゆうきとうしゅ》は高校卒業後《こうこうそつぎょうご》、早稲田大学《わせだだいがく》に進学《しんがく》。東京六大学野球《とうきょうろくだいがくやきゅう》という大学《だいがく》のリーグ戦《せん》では、4年間《ねんかん》で30勝《しょう》３００奪三振《だっさんしん》を記録《きろく》した。これは史上《しじょう》6人目《にんめ》という大記録《だいきろく》だ。

一方《いっぽう》、松井投手《まついとうしゅ》は高校《こうこう》から直接《ちょくせつ》、プロ野球《やきゅう》の道《みち》へ。プロでも三振《さんしん》がほしいときにねらってとれる「絶対的《ぜったいてき》な守護神《しゅごしん》」として活躍《かつやく》。ついには、日本代表《にほんだいひょう》「侍《さむらい》ジャパン」でもリリーフをまかされる存在《そんざい》へと成長《せいちょう》をとげた。高校時代《こうこうじだい》、「神奈川《かながわ》のドクターK《ケー》」と呼《よ》ばれた投手《とうしゅ》は、「平成《へいせい》の新《しん》ドクターK《ケー》」と呼《よ》ばれるまでになったのだ。

コラム①

球児《きゅうじ》のために巨大《きょだい》な球場《きゅうじょう》をつくれ!

甲子園《こうしえん》球場《きゅうじょう》物語《ものがたり》 パート①

球児《きゅうじ》のために誕生《たんじょう》した甲子園《こうしえん》

球児《きゅうじ》たちの夢舞台《ゆめぶたい》、甲子園球場《こうしえんきゅうじょう》ができたのは1924年《ねん》のこと。それまで夏《なつ》の全国大会《ぜんこくたいかい》がおこなわれていた球場《きゅうじょう》には約《やく》5000人分《にんぶん》しか観客席《かんきゃくせき》がなく、1923年《ねん》の第《だい》9回大会《かいたいかい》の試合中《しあいちゅう》、客席《きゃくせき》にはいれずにあふれだしたひとがグラウンドになだれこんでしまう事故《じこ》が起《お》きてしまったため、収容人数約《しゅうようにんずうやく》6万人《まんにん》という超巨大球場《ちょうきょだいきゅうじょう》の建設《けんせつ》がきまったのだ。

ただ、建設決定《けんせつけってい》から夏《なつ》の大会開幕《たいかいかいまく》までの期間《きかん》は、たったの5カ月間《げっかん》。当時《とうじ》はまだショベルカーなどもなかった時代《じだい》。牛《うし》にローラーをひかせてグラウンドを平《たい》らにするなど、さまざまな工夫《くふう》とがんばりでなんとか期日《きじつ》までに（スコアボード以外《いがい》は）完成《かんせい》。第《だい》10回大会《かいたいかい》から、この球場《きゅうじょう》が全国《ぜんこく》の舞台《ぶたい》となり、「めざせ甲子園《こうしえん》」が球児《きゅうじ》たちの合言葉《あいことば》になったのだ。

このように、球児《きゅうじ》たちの全国大会《ぜんこくたいかい》のために誕生《たんじょう》したのが甲子園球場《こうしえんきゅうじょう》。いまでもプロ野球《やきゅう》の阪神《はんしん》タイガースより、学生野球《がくせいやきゅう》の甲子園大会《こうしえんたいかい》に球場使用《きゅうじょうしよう》の優先順位《ゆうせんじゅんい》がある。そのため、阪神《はんしん》は夏《なつ》の甲子園大会期間中《こうしえんたいかいきかんちゅう》、ずっと遠征試合《えんせいじあい》をしなければならず、それがなかなか優勝《ゆうしょう》できない理由《りゆう》のひとつになっている。

甲子園《こうしえん》、その意外《いがい》な活用例《かつようれい》

球児《きゅうじ》のために建設《けんせつ》された甲子園球場《こうしえんきゅうじょう》だが、計画段階《けいかくだんかい》からラグビーなど他《ほか》の競技《きょうぎ》でも使《つか》いたい、というアイデアがあった。そのため、外野《がいや》がひろく使《つか》えるよう、できた当初《とうしょ》は外野《がいや》フェンスがほぼ一直線《いっちょくせん》の変則的《へんそくてき》な形《かたち》だった。

その計画《けいかく》どおり、甲子園《こうしえん》ではラグビーやサッカーの試合《しあい》がおこなわれ、いまでも大学《だいがく》アメリカンフットボールの日本一決定戦《にほんいちけっていせん》「甲子園《こうしえん》ボウル」の舞台《ぶたい》として人気《にんき》だ。だが、過去《かこ》には思《おも》わぬ大会《たいかい》がおこなわれたことも。そのひとつがスキージャンプ大会《たいかい》。１９３８年《ねん》と１９３９年《ねん》、左中間《さちゅうかん》スタンドに高《たか》さ40メートルのジャンプ台《だい》をつくっておこなわれた。雪《ゆき》はどうしたのかというと、長野《ながの》へ「雪《ゆき》の買《か》いだし部隊《ぶたい》」を派遣《はけん》し、電車《でんしゃ》で運《はこ》んだという。

また、「天気《てんき》に関係《かんけい》なく試合《しあい》がおこなわれるラグビーを雨《あめ》のなかでも観戦《かんせん》できるように」と、バックネット裏《うら》と内野席《ないやせき》には「鉄傘《てっさん》」と呼《よ》ばれる屋根《やね》が設置《せっち》された（のちにアルプススタンドにも延長《えんちょう》）。この傘《かさ》によって、日焼《ひや》けを気《き》にせず野球観戦《やきゅうかんせん》ができると、思《おも》わぬ形《かたち》で女性客《じょせいきゃく》の支持《しじ》を集《あつ》めることになった。

ただ、この鉄傘《てっさん》は第二次世界大戦中《だいにじせかいたいせんちゅう》、軍隊《ぐんたい》の武器《ぶき》の材料《ざいりょう》にするためにとりこわされてしまう。戦後《せんご》１９５１年《ねん》に屋根《やね》をとりつけなおしたとき、今度《こんど》は銀色《ぎんいろ》のジュラルミン製《せい》だったことから「銀傘《ぎんさん》」と呼《よ》ばれるようになり、ふたたび球場《きゅうじょう》の名物《めいぶつ》になったのだ。

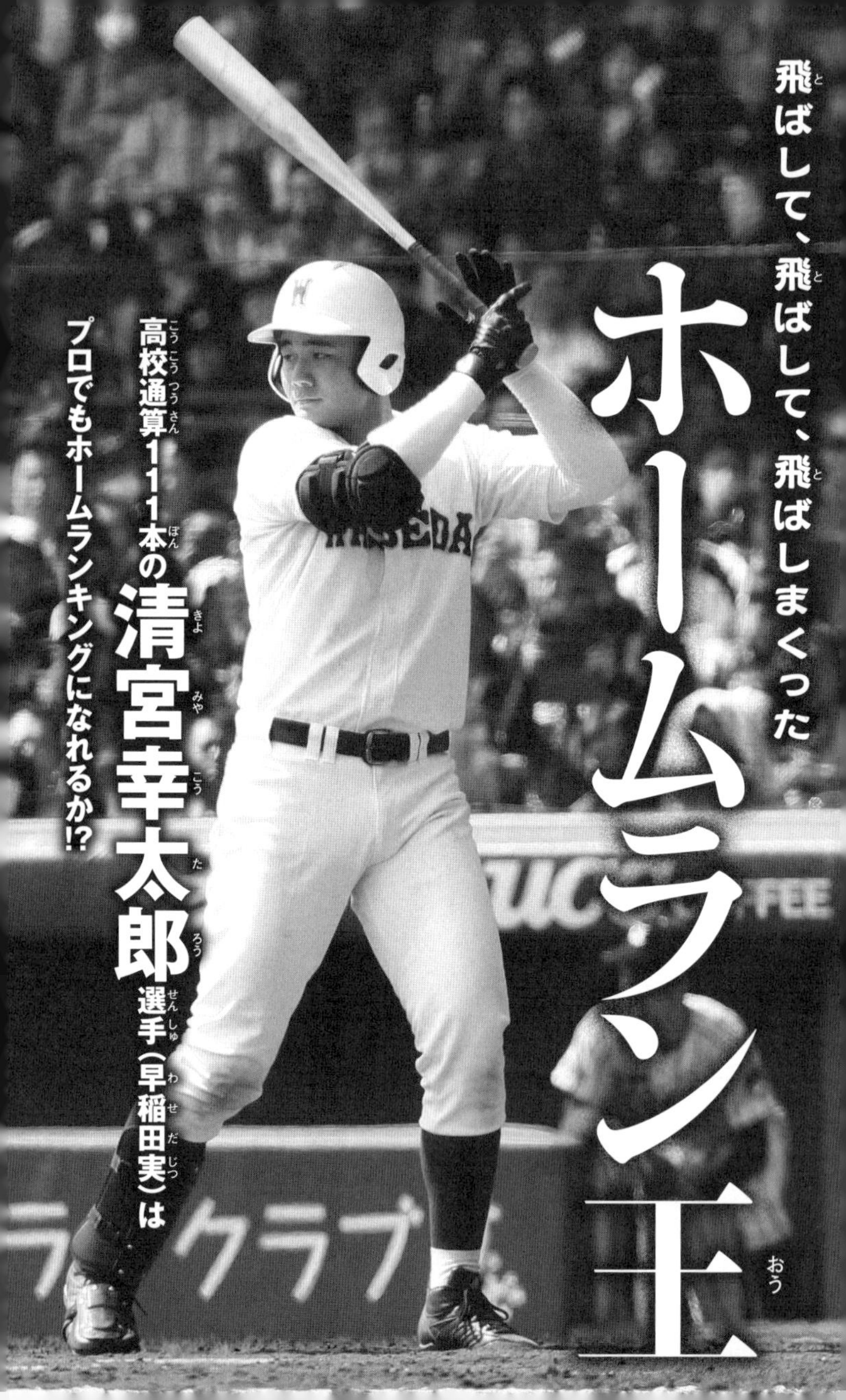

飛《と》ばして、飛《と》ばして、飛《と》ばしまくった

ホームラン王《おう》

高校《こうこう》通算《つうさん》111本《ぽん》の清宮《きよみや》幸《こう》太《た》郎《ろう》選手《せんしゅ》（早稲田実《わせだじつ》）は

プロでもホームランキングになれるか!?

ラッキー不要《ふよう》の〝ゴジラ〟松井秀喜《まついひでき》（星稜《せいりょう》）

甲子園球場《こうしえんきゅうじょう》には、かつて「ラッキーゾーン」と呼《よ》ばれるスペースがあった。ラッキーゾーンとは、ホームランをでやすくするために本来《ほんらい》のフェンスよりも手前《てまえ》につくられたスペースのこと。甲子園球場《こうしえんきゅうじょう》があまりに大《おお》きすぎるため、もっとホームランが生《う》まれるように、と設置《せっち》されたものだった。

このラッキーゾーンがなくなったのが1991年《ねん》12月《がつ》のこと。プロでもホームランがでにくくなるはずなのだから、高校生《こうこうせい》ではもっとホームランはでないはず……そんな心配《しんぱい》を払拭《ふっしょく》したのが、1992年春《ねんはる》、第《だい》64回《かい》センバツ大会《たいかい》に出場《しゅつじょう》した星稜《せいりょう》（石川《いしかわ》）の松井秀喜選《まついひできせん》手《しゅ》（元《もと》・巨人他《きょじんほか》）だ。ラッキーゾーンがあってもなくても「僕《ぼく》には関係《かんけい》ありません」と豪《ごう》語《ご》すると、その言葉《ことば》どおり、1回戦《かいせん》でいきなり大会《たいかい》タイ記録《きろく》となる「2打席連続《だせきれんぞく》ホームラン」を記録《きろく》。つぎの試合《しあい》でもホームランを打《う》って「2試合連続《しあいれんぞく》ホームラン」も達成《たっせい》。他《ほか》の選手《せんしゅ》がひろくなった甲子園球場《こうしえんきゅうじょう》で苦労《くろう》するなか、ひとり、別次元《べつじげん》の存在感《そんざいかん》を発揮《はっき》した。

松井選手《まついせんしゅ》が卒業《そつぎょう》するまでに打《う》ったホームランの数《かず》は高校通算《こうこうつうさん》60本《ぽん》。甲子園《こうしえん》では通算《つうさん》4本《ほん》。

圧倒的《あっとうてき》なパワーと破壊力《はかいりょく》から「ゴジラ」の異名《いみょう》で呼《よ》ばれるようになり、のちに日本《にほん》のプロ野球《やきゅう》だけでなく、メジャーリーグでも活躍《かつやく》する大打者《だいだしゃ》としての素質《そしつ》を見《み》せつけたのだ。

「推定飛距離《すいていひきょり》170メートル」の飛《と》ばし屋《や》　中田翔《なかたしょう》（大阪桐蔭《おおさかとういん》）

センバツでの「1試合《しあい》ホームラン2本《ほん》」は、ラッキーゾーンがなくなって以降《いこう》、松井選手《まついせんしゅ》以外《いがい》に10人《にん》の選手《せんしゅ》が達成《たっせい》している。プロでも活躍《かつやく》する選手《せんしゅ》では、高校通算《こうこうつうさん》ホームラン87本《ほん》の大阪桐蔭《おおさかとういん》（大阪《おおさか》）、中田翔選手《なかたしょうせんしゅ》（現《げん》・日本《にっぽん》ハム）が2007年春《ねんはる》、第《だい》79回《かい》センバツ大会《たいかい》で記録《きろく》。同《おな》じく、高校通算《こうこうつうさん》ホームラン73本《ぼん》の智弁学園《ちべんがくえん》（奈良《なら》）、岡本和真選手《おかもとかずませんしゅ》（現《げん》・巨人《きょじん》）も2014年春《ねんはる》、第《だい》86回《かい》センバツ大会《たいかい》で達成《たっせい》している。

ふたりはともに、打球《だきゅう》の「飛距離《ひきょり》」でも高校生離《こうこうせいばな》れしたスラッガーとして注目《ちゅうもく》を集《あつ》めた存在《そんざい》。とくに中田選手《なかたせんしゅ》はある試合《しあい》で「推定飛距離《すいていひきょり》170メートル」というプロでも見《み》られない特大《とくだい》ホームランを打《う》ち、スポーツ新聞《しんぶん》の一面《めん》を大《おお》きくかざったことがある。甲子園《こうしえん》でもない試合《しあい》がスポーツ紙《し》の一面《めん》にのること自体《じたい》、その存在感《そんざいかん》の大《おお》きさを物語《ものがた》っていた。

あわや4連発《れんぱつ》の「1試合《しあい》3ホーマー」 平田良介《ひらたりょうすけ》（大阪桐蔭《おおさかとういん》）

夏《なつ》の甲子園《こうしえん》では、センバツの「1試合《しあい》2本《ほん》」を超《こ》える「1試合《しあい》3本《ぼん》のホームラン」を打《う》った選手《せんしゅ》がいる。平成《へいせい》の時代《じだい》になってからこの大記録《だいきろく》を達成《たっせい》したのが大阪桐蔭《おおさかとういん》の平田良介《ひらたりょうすけ》選手《せんしゅ》（現《げん》・中日《ちゅうにち》）だ。舞台《ぶたい》は2005年《ねん》、第《だい》87回夏《かいなつ》の甲子園大会準々決勝《こうしえんたいかいじゅんじゅんけっしょう》。この試合《しあい》で平田《ひらた》選手《せんしゅ》は、まず2回裏《かいうら》にレフトスタンドにソロホームラン。つづく4回裏《かいうら》には2打席連続《だせきれんぞく》となるホームランを左中間《さちゅうかん》スタンドへ。その後《ご》、3対《たい》4と1点《てん》を追《お》いかける展開《てんかい》でむか

甲子園《こうしえん》の本塁打記録《ほんるいだきろく》

通算最多本塁打《つうさんさいたほんるいだ》

13本塁打
清原和博
(1983年夏〜1985年夏/5大会/PL学園・大阪)

1大会《たいかい》での最多本塁打《さいたほんるいだ》

春:3本塁打
清原和博(1984年/5試合/PL学園・大阪)
元木大介(1989年/5試合/上宮・大阪)
松井秀喜(1992年/3試合/星稜・石川)
松本哲幣(2015年/5試合/敦賀気比・福井)
他6人

夏:6本塁打
中村奨成(2017年/6試合/広陵・広島)

1試合《しあい》での最多本塁打《さいたほんるいだ》

春:2本塁打
清原和博(1984年/PL学園・大阪)
桑田真澄(1984年/PL学園・大阪)
元木大介(1989年/上宮・大阪)
松井秀喜(1992年/星稜・石川)
中田翔(2007年/大阪桐蔭・大阪)
岡本和真(2014年/智弁学園・奈良)
松本哲幣(2015年/敦賀気比・福井)
他14人

夏:3本塁打
清原和博(1984年/PL学園・大阪)
平田良介(2005年/大阪桐蔭・大阪)

えた7回裏《かいうら》の第《だい》4打席《だせき》。ランナー三塁《るい》のチャンスで打席《だせき》に立《た》つと、今度《こんど》はバックスクリーン右《みぎ》にぶちこむ特大《とくだい》の逆転《ぎゃくてん》2《ツー》ラン！　この試合《しあい》、終《お》わってみれば4打数《だすう》4安打《あんだ》5打点《だてん》と大暴《おおあば》れ。しかも、5回裏《かいうら》の第《だい》3打席《だせき》はあと少《すこ》しでスタンドインするかというライトフェンス直撃《ちょくげき》の2《ツー》ベース。あわや「4打席連続《だせきれんぞく》ホームラン」という、奇跡《きせき》の一歩手前《いっぽてまえ》だったわけだ。

平田選手《ひらたせんしゅ》以前《いぜん》に「1試合《しあい》3本《ぼん》のホームラン」を打《う》ったことがあるのは、1984年《ねん》、P《ピー》L学園《エルがくえん》（大阪《おおさか》）時代《じだい》の清原和博選手《きよはらかずひろせんしゅ》（元《もと》・西武他《せいぶほか》）だけ。ラッキーゾーンがなくなってからは平田選手《ひらたせんしゅ》だけの大偉業《だいいぎょう》だ。これら3本《ぼん》をふくめ、卒業《そつぎょう》するまでに打《う》った「甲子園通算《こうしえんつうさん》ホームラン5本《ほん》」は当時《とうじ》で歴代《れきだい》4位《い》。高校通算《こうこうつうさん》ホームラン数《すう》は70本《ぽん》を数《かぞ》えた。

32年《ねん》ぶりに更新《こうしん》した「1大会《たいかい》6ホームラン」　中村奨成《なかむらしょうせい》（広陵《こうりょう》）

1試合《しあい》だけでなく、大会通算《たいかいつうさん》ホームラン数《すう》で大記録《だいきろく》を達成《たっせい》したのが広陵《こうりょう》（広島《ひろしま》）の主砲《しゅほう》として活躍《かつやく》した中村奨成選手《なかむらしょうせいせんしゅ》（現《げん》・広島《ひろしま》）だ。

２０１７年《ねん》、第《だい》99回夏《かいなつ》の甲子園大会《こうしえんたいかい》において、中村選手《なかむらせんしゅ》は1回戦《かいせん》の第《だい》3打席《だせき》でライトスタンドにホームランを打《う》つと、同《おな》じ試合《しあい》の第《だい》5打席《だせき》にはまたもライトへ2《ツー》ランホームラン。

つづく2回戦《かいせん》もレフトスタンドに3《スリー》ラン。3回戦《かいせん》でもレフトスタンドに2《ツー》ランホームランと、3試合連続《しあいれんぞく》アーチをえがいてみせたのだ。「4試合連発《しあいれんぱつ》」が期待《きたい》された準々決勝《じゅんじゅんけっしょう》こそホームランはでなかったが、そのあとの準決勝《じゅんけっしょう》ではなんと1試合《しあい》2本《ほん》のホームラン。大会《たいかい》通算《つうさん》ホームラン数《すう》を「6本《ぽん》」とし、1985年《ねん》に清原和博《きよはらかずひろ》選手《せんしゅ》が記録《きろく》した「1大会最多《たいかいさいた》ホームラン5本《ほん》」という大記録《だいきろく》を32年《ねん》ぶりに更新《こうしん》した。

じつは中村《なかむら》選手《せんしゅ》、甲子園出場《こうしえんしゅつじょう》をかけた広島大会《ひろしまたいかい》では、左手《ひだりて》にデッドボールを受《う》けた影響《えいきょう》もあって打率《だりつ》1割台《わりだい》と絶不調《ぜっふちょう》。しかし、甲子園《こうしえん》での1回戦《かいせん》でライトスタンドへはなった2発《はつ》

高校通算本塁打《こうこうつうさんほんるいだ》 ランキング トップ12

111本塁打	清宮幸太郎	(早稲田実・西東京)
107本塁打	山本大貴	(神港学園・兵庫)
97本塁打	黒瀬健太	(初芝橋本・和歌山)
94本塁打	伊藤諒介	(神港学園・兵庫)
87本塁打	中田翔	(大阪桐蔭・大阪)
86本塁打	大島裕行	(埼玉栄・埼玉)
85本塁打	横川駿	(神港学園・兵庫)
83本塁打	鈴木健	(浦和学院・埼玉)
83本塁打	中村剛也	(大阪桐蔭・大阪)
71本塁打	高橋周平	(東海大甲府・山梨)
71本塁打	奥浪鏡	(創志学園・岡山)
70本塁打	城島健司	(別府大府・大分)
70本塁打	平田良介	(大阪桐蔭・大阪)
69本塁打	筒香嘉智	(横浜・神奈川)
68本塁打	平尾博司	(大宮東・埼玉)
68本塁打	藤島誠剛	(岩陽・山口)

※練習試合をふくむ

のホームランをきっかけに打《う》てるタイミングとポイントをつかみ、大爆発《だいばくはつ》につなげたのだ。

史上《しじょう》1位《い》の高校通算《こうこうつうさん》111本《ぽん》 清宮幸太郎《きよみやこうたろう》（早稲田実《わせだじつ》）

甲子園大会《こうしえんたいかい》にかぎらず、高校生活《こうこうせいかつ》3年間《ねんかん》をとおして安定《あんてい》してホームランを打《う》ちつづけた選手《せんしゅ》がいる。2015年《ねん》から2017年《ねん》にかけて早稲田実《わせだじつ》（西東京《にしとうきょう》）で活躍《かつやく》した清宮幸太郎選手《きよみやこうたろうせんしゅ》（現《げん》・日本《にっぽん》ハム）だ。

中学《ちゅうがく》1年生《ねんせい》のときにはリトルリーグ世界一《せかいいち》を達成《たっせい》したチームの主砲《しゅほう》として活躍《かつやく》。当時《とうじ》すでに183センチ、94キロあった体格《たいかく》をいかし、打《う》っては特大《とくだい》ホームラン、投《な》げては最速《さいそく》130キロ。メジャーリーグ史上《しじょう》はじめて700本以上《ぽんいじょう》のホームランを打《う》った歴史的大打者《れきしてきだいだしゃ》、ベーブ・ルースを思《おも》わせる体格《たいかく》と打球《だきゅう》のすごさから、「和製《わせい》ベーブ」とアメリカ人《じん》が呼《よ》ぶほどの大活躍《だいかつやく》だった。

2015年《ねん》、早稲田実《わせだじつ》に入学《にゅうがく》するとすぐにレギュラーになった清宮選手《きよみやせんしゅ》。わずか数週間《すうしゅうかん》後《ご》には高校初《こうこうはつ》ホームランを記録《きろく》し、1年生《ねんせい》にして高校球界《こうこうきゅうかい》きっての名門校《めいもんこう》の主砲《しゅほう》として活躍《かつやく》。早稲田実《わせだじつ》を甲子園出場《こうしえんしゅつじょう》に導《みちび》く働《はたら》きを見《み》せた。むかえた第《だい》97回夏《かいなつ》の甲子園大会《こうしえんたいかい》では、ひ

推定飛距離《すいていひきょり》170メートルという特大《とくだい》ホームランをかっ飛《と》ばした中田翔選手《なかたしょうせんしゅ》（大阪桐蔭《おおさかとういん》）

ろい甲子園球場《こうしえんきゅうじょう》で2試合連続《しあいれんぞく》ホームランを記録《きろく》。1年生《ねんせい》での2試合連続弾《しあいれんぞくだん》は史上初《しじょうはつ》の快挙《かいきょ》。1大会《たいかい》2本《ほん》も史上《しじょう》ふたり目《め》のことだった。

その後《ご》も公式戦《こうしきせん》、練習試合《れんしゅうじあい》にかかわらず、試合《しあい》にでればホームランを打《う》ちつづけた清宮選手《きよみやせんしゅ》。1年生《ねんせい》で22本《ほん》、2年生《ねんせい》で56本《ぽん》のホームランを打《う》つと、最終学年《さいしゅうがくねん》では33本《ぼん》のホームランをかさね、それまでの高校生最多《こうこうせいさいた》ホームラン記録《きろく》だった107本《ほん》を抜《ぬ》き、史上《しじょう》1位《い》となる通算《つうさん》111本《ぽん》を記録《きろく》。高校野球史《こうこうやきゅうし》にかがやく打者《だしゃ》となったのだ。

そんな清宮選手《きよみやせんしゅ》の目標《もくひょう》は、高校《こうこう》の大先輩《だいせんぱい》で、通算《つうさん》ホームラン数《すう》868本《ぽん》という世界記録《せかいきろく》を持《も》つ王貞治選手《おうさだはるせんしゅ》（元《もと》・巨人《きょじん》）を超《こ》える打者《だしゃ》になること。プロでもホームラン打者《だしゃ》として活躍《かつやく》できるかどうか、プロ野球《やきゅう》ファンだけでなく、高校野球《こうこうやきゅう》ファンも注目《ちゅうもく》して見守《みまも》っている。

甲子園《こうしえん》でかがやいたポイントゲッター
打《だ》点《てん》王《おう》

1試合《しあい》8打点《だてん》、1大会《たいかい》14打点《だてん》とアンビリーバブルな
大爆発《だいばくはつ》を見《み》せた**筒《つつ》香《ごう》嘉《よし》智《とも》**選手《せんしゅ》（横浜《よこはま》）

まさかの「2打席《だせき》連続《れんぞく》満塁弾《まんるいだん》」 松本哲幣《まつもとてっぺい》（敦賀気比《つるがけひ》）

チームに勝利《しょうり》をもたらす「打点《だてん》」。春《はる》のセンバツも夏《なつ》の甲子園《こうしえん》も、ひとりの選手《せんしゅ》が1試合《しあい》で記録《きろく》した最多記録《さいたきろく》は「8打点《だてん》」だ。

春《はる》のセンバツでこの大記録《だいきろく》を達成《たっせい》したのが2015年《ねん》、第《だい》87回大会《かいたいかい》における敦賀気比《つるがけひ》（福井《ふくい》）の松本哲幣《まつもとてっぺい》選手《せんしゅ》。準決勝《じゅんけっしょう》の1打席目《だせきめ》で満塁《まんるい》ホームランを打《う》った松本選手《まつもとせんしゅ》は、2回《かい》2《ツー》アウト満塁《まんるい》でふたたび打席《だせき》がまわってくると、なんと2打席連続《だせきれんぞく》での満塁《まんるい》ホームラン！　たった2度《ど》の打席《だせき》で8打点《だてん》の荒《あら》かせぎをしてしまったのだ。

松本選手以前《まつもとせんしゅいぜん》のセンバツ1試合最多打点記録《しあいさいただてんきろく》は、1984年《ねん》、PL《ピーエル》学園《がくえん》（大阪《おおさか》）の桑田《くわた》真澄選手《ますみせんしゅ》（元《もと》・巨人他《きょじんほか》）や、1992年《ねん》、星稜《せいりょう》（石川《いしかわ》）の松井秀喜選手《まついひできせんしゅ》（元《もと》・巨人他《きょじんほか》）などが記録《きろく》した7打点《だてん》。のちのプロ野球選手《やきゅうせんしゅ》たちを上《うわ》まわる、大会新記録《たいかいしんきろく》となった。

松本選手《まつもとせんしゅ》の偉業《いぎょう》は、別《べつ》の理由《りゆう》でも注目《ちゅうもく》を集《あつ》めた。それは、松本選手《まつもとせんしゅ》が背番号《せばんごう》17の控《ひか》え選手《せんしゅ》で、じつはこの試合《しあい》で打《う》ったのが公式戦初《こうしきせんはつ》ホームランだったこと。スタメンに大抜擢《だいばってき》した敦賀気比《つるがけひ》の監督《かんとく》も、「甲子園《こうしえん》が打《う》たせてくれた。なにか見《み》えない力《ちから》が彼《かれ》を後押《あとお》しした」

とおどろくばかりだった。そんな松本《まつもと》選手《せんしゅ》の好《す》きな言葉《ことば》は「あきらめない」。5種類《しゅるい》のバットを使《つか》って素《す》ぶりやティー打撃《だげき》をつづけるなど、レギュラーになれなくてもあきらめず、しっかり準備《じゅんび》をかさねていたからこそ生《う》まれた大記録《だいきろく》だった。

「1試合《しあい》8打点《だてん》」&《アンド》「1大会《たいかい》14打点《だてん》」筒香嘉智《つつごうよしとも》（横浜《よこはま》）

夏《なつ》の甲子園《こうしえん》で、大会記録《たいかいきろく》となる「1試合《しあい》8打点《だてん》」を記録《きろく》した選手《せんしゅ》はふたり。平成《へいせい》になってから達成《たっせい》したのが、のちに野球日本代表《やきゅうにほんだいひょう》「侍《さむらい》ジャパン」でも4番《ばん》をつとめることになるスラッガー、横浜《よこはま》（神奈川《かながわ》）時代《じだい》の筒香嘉智選手《つつごうよしともせんしゅ》（現《げん》・DeNA《ディーエヌエー》）だ。

1年生《ねんせい》のときから名門《めいもん》・横浜《よこはま》で4番《ばん》をまかされるほどの超高校級《ちょうこうこうきゅう》スラッガーだった筒香《つつごう》選手《せんしゅ》。2年生《ねんせい》の夏《なつ》、2008年《ねん》に出場《しゅつじょう》した第《だい》90回大会《かいたいかい》で大記録《だいきろく》が生《う》まれた。

甲子園《こうしえん》がはじまる前《まえ》、神奈川大会《かながわたいかい》では調子《ちょうし》が悪《わる》く、甲子園《こうしえん》での1試合目《しあいめ》は7番《ばん》ファーストでの出場《しゅつじょう》だった筒香選手《つつごうせんしゅ》。しかし、第《だい》1打席《だせき》でいきなり2《ツー》ランホームランを打《う》つと、終《しゅう》盤《ばん》8回《かい》にも2点《てん》タイムリーと、チーム6得点《とくてん》のうち4打点《だてん》をあげる大活躍《だいかつやく》。6対《たい》5の1点《てん》差勝利《さしょうり》に大《おお》きく貢献《こうけん》し、復調《ふくちょう》ぶりをアピールした。

つぎの2回戦《かいせん》から4番《ばん》にもどった筒香選手《つつごうせんしゅ》は、この試合《しあい》2安打《あんだ》2打点《だてん》。3回戦《かいせん》でも2安《あん》打《だ》と好調《こうちょう》をつづけたが、途中《とちゅう》で右手《みぎて》にデッドボールを受《う》けて打撲《だぼく》。試合《しあい》には勝《か》ったが、準々決勝《じゅんじゅんけっしょう》には痛《いた》みどめを飲《の》んで出場《しゅつじょう》しなければならなかった。だが、その準々決勝《じゅんじゅんけっしょう》が、筒《つつ》香選手《ごうせんしゅ》の「歴史《れきし》にのこる」大爆発《だいばくはつ》の舞台《ぶたい》となった。

まずは5回《かい》、内角《ないかく》にきた球《たま》をジャストミートすると、打球《だきゅう》はライトポール際《ぎわ》にはいる2《ツー》ランホームラン。つづいて6回《かい》、今度《こんど》は2《ツー》アウト満塁《まんるい》のチャンスで打席《だせき》がまわってくると、フルスイングした打球《だきゅう》はまたもライトスタンドへ。2打席連続《だせきれんぞく》のホームランは、なんと満《まん》

甲子園《こうしえん》の打点記録《だてんきろく》

1大会《たいかい》での最多打点《さいただてん》

夏:17打点
中村奨成(2017年/6試合/広陵・広島)

1試合《しあい》での最多打点《さいただてん》

春:8打点
松本哲幣(2015年/敦賀気比・福井)

夏:8打点
須田努(1988年/常総学院・茨城)
筒香嘉智(2008年/横浜・神奈川)

大会最多打点《たいかいさいただてん》チーム

春:56打点
東邦商(愛知/1939年/5試合)

夏:57打点
大阪桐蔭(大阪/2008年/6試合)

1試合最多打点《しあいさいただてん》チーム

夏:27打点※
PL学園(大阪/1985年/対東海大山形)

※この試合の得点数は29得点

塁弾《るいだん》だった。

この直後《ちょくご》、大雨《おおあめ》で試合《しあい》は42分間《ふんかん》も中断《ちゅうだん》されたが、筒香選手《つつごうせんしゅ》の集中力《しゅうちゅうりょく》は乱《みだ》れなかった。試合再開後《しあいさいかいご》の7回《かい》にも左中間《さちゅうかん》をやぶる2点《てん》タイムリー2《ツー》ベース。15対《たい》1と大勝《たいしょう》したこの試合《しあい》で、筒香選手《つつごうせんしゅ》は5打数《だすう》3安打《あんだ》8打点《だてん》の大爆発《だいばくはつ》。筒香選手《つつごうせんしゅ》の「1試合《しあい》8打点《だてん》」は、夏《なつ》の甲子園《こうしえん》の長《なが》い歴史《れきし》で個人最多《こじんさいた》タイ記録《きろく》。また、大会《たいかい》通算《つうさん》14打点《だてん》も歴代最多《れきだいさいた》タイ記録《きろく》（当時《とうじ》）。まさに、記録《きろく》ずくめの1日《にち》だった。

このとき、筒香選手《つつごうせんしゅ》はまだ2年生《ねんせい》。日本《にほん》に2軒《けん》しかないといわれるめずらしい名字《みょうじ》の「筒香《つつごう》」は、一躍《いちやく》、日本中《にほんじゅう》が知《し》る有名《ゆうめい》な名字《みょうじ》となった。

伝説《でんせつ》こぼれ話《ばなし》

チーム最高打率《さいこうだりつ》、最高得点《さいこうとくてん》

打点以外《だてんいがい》の打者記録《だしゃきろく》に関《かん》して、「チーム記録《きろく》」の点《てん》で見《み》てみよう。歴代最高《れきだいさいこう》の大会打率《たいかいだりつ》を記録《きろく》したのは、2004年夏《ねんなつ》の甲子園《こうしえん》で優勝《ゆうしょう》した駒大苫小牧《こまだいとまこまい》の打率《だりつ》4割《わり》4分《ぶ》8厘《りん》。決勝戦《けっしょうせん》も10点《てん》とられながら13点《てん》をうばっての逆転《ぎゃくてん》優勝《ゆうしょう》。打《う》って打《う》って打《う》ちまくって手《て》にした北海道勢初優勝《ほっかいどうぜいはつゆうしょう》だった。大会通算《たいかいつうさん》ではなく、1試合《しあい》での最多安打《さいたあんだ》と最多得点《さいたとくてん》は1985年夏《ねんなつ》の甲子園《こうしえん》、PL《ピーエル》学園対東海大山形《がくえんたいとうかいだいやまがた》の試合《しあい》で生《う》まれている。PL《ピーエル》学園《がくえん》はこの日《ひ》、32本《ほん》ものヒットをかさね、大会史上初《たいかいしじょうはつ》の毎回得点《まいかいとくてん》となる29点《てん》を記録《きろく》。この試合《しあい》でのチーム打率《だりつ》5割《わり》9分《ぶ》3厘《りん》は、いまでも1試合《しあい》における史上最高打率《しじょうさいこうだりつ》。まさに、記録《きろく》ずくめの一戦《いっせん》だった。

甲子園《こうしえん》打撃部門《だげきぶもん》を塗《ぬ》りかえた男《おとこ》　中村奨成《なかむらしょうせい》（広陵《こうりょう》）

筒香選手《つつごうせんしゅ》の記録《きろく》した大会通算打点《たいかいつうさんだてん》を超《こ》える「１大会《たいかい》17打点《だてん》」を記録《きろく》したのが、２０１７年《ねん》８月《がつ》、第《だい》99回夏《かいなつ》の甲子園大会《こうしえんたいかい》での、広陵《こうりょう》（広島《ひろしま》）の主砲《しゅほう》、中村奨成選手《なかむらしょうせいせんしゅ》（現《げん》・広島《ひろしま》）だ。中村選手《なかむらせんしゅ》は、遠投《えんとう》１２０メートルが自慢《じまん》の強肩捕手《きょうけんほしゅ》として、大会前《たいかいまえ》から注目度《ちゅうもくど》は高《たか》かった。だが、いざ大会《たいかい》がはじまってみると、その肩以上《かたいじょう》に打撃《だげき》で活躍《かつやく》して、一躍《いちやく》、夏《なつ》のヒーローに。１９８５年《ねん》にＰＬ《ピーエル》学園《がくえん》の清原和博選手《きよはらかずひろせんしゅ》（元《もと》・西武他《せいぶほか》）が記録《きろく》した５本《ほん》の大会最多《たいかいさいた》ホームラン記録《きろく》を上回《うわまわ》る６本《ぽん》のホームランを打《う》ち、打点《だてん》17も大会新記録《たいかいしんきろく》。さらに、１大会《たいかい》で19安打《あんだ》、２《ツー》ベース６本《ぽん》も歴代《れきだい》１位《い》タイ記録《きろく》と、打撃部門《だげきぶもん》のほとんどで歴代《れきだい》１位《い》に名《な》を連《つら》ねたのだ。

　中村選手《なかむらせんしゅ》の活躍《かつやく》もあって広陵《こうりょう》はこの大会《たいかい》で準優勝《じゅんゆうしょう》。それでも中村選手本人《なかむらせんしゅほんにん》は、「優勝《ゆうしょう》して記録《きろく》にも記憶《きおく》にものこる捕手《ほしゅ》になりたかった」とくやしさをにじませた。この経験《けいけん》をいかし、プロの舞台《ぶたい》でも「打《う》てる強肩捕手《きょうけんほしゅ》」としてアピールできるかどうか、今後《こんご》の活躍《かつやく》がますます注目《ちゅうもく》されている。

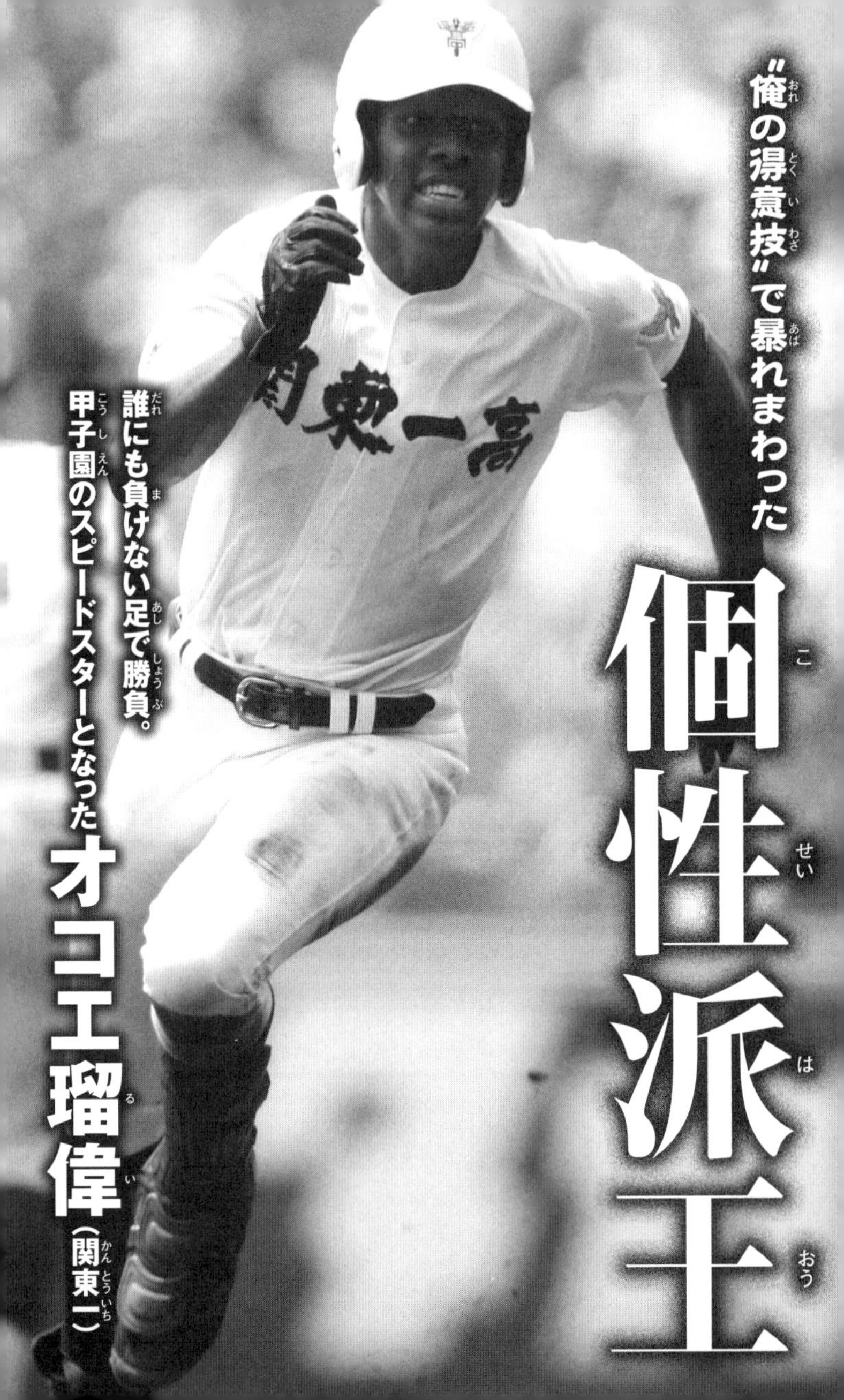

"俺《おれ》の得《とく》意《い》技《わざ》"で暴《あば》れまわった

個《こ》性《せい》派《は》王《おう》

誰《だれ》にも負《ま》けない足《あし》で勝負《しょうぶ》。
甲子園《こうしえん》のスピードスターとなった

オコエ瑠《る》偉《い》（関東一《かんとういち》）

「足《あし》」をいかして甲子園《こうしえん》スターに　オコエ瑠偉《るい》（関東一《かんとういち》）

150キロを超《こ》える剛速球《ごうそっきゅう》や、とんでもない飛距離《ひきょり》のホームランを打《う》って甲子園《こうしえん》をにぎわす超高校級《ちょうこうこうきゅう》の球児《きゅうじ》たち。だが、大会《たいかい》をもりあげるのはそんな怪物《かいぶつ》ばかりではない。自分《じぶん》の得意技《とくいわざ》や一芸《いちげい》をみがきあげ、甲子園《こうしえん》で特別《とくべつ》なかがやきをはなった選手《せんしゅ》たちを見《み》ていこう。

50メートル走《そう》5秒《びょう》96という俊足《しゅんそく》を武器《ぶき》に、甲子園《こうしえん》をかけまわってファンを沸《わ》かせたのが関東一《かんとういち》（東東京《ひがしとうきょう》）のセンター、オコエ瑠偉選手《るいせんしゅ》（現《げん》・楽天《らくてん》）だ。甲子園出場《こうしえんしゅつじょう》がかかった東東京《ひがしとうきょう》大会決勝《たいかいけっしょう》では、通常《つうじょう》のセンター前《まえ》ヒットで一気《いっき》に二塁《るい》にまで到達《とうたつ》する「センター前《まえ》2《ツー》ベース」という快足《かいそく》ぶりを発揮《はっき》。そのスピードは甲子園《こうしえん》でもとまらなかった。

2015年《ねん》、第《だい》97回夏《かいなつ》の甲子園《こうしえん》、オコエ選手《せんしゅ》がまず打《う》ったのが「一塁強襲《るいきょうしゅう》の2《ツー》ベース」。打球《だきゅう》が一塁手《るいしゅ》にあたってファウルゾーンをころがる間《あいだ》に、俊足《しゅんそく》をいかして一気《いっき》に二塁《るい》にたどりついたのだ。また、この試合《しあい》では、大会《たいかい》100年《ねん》の歴史《れきし》で史上《しじょう》ふたり目《め》という「1イニングで2本《ほん》の3《スリー》ベース」を記録《きろく》。これまた俊足《しゅんそく》のオコエ選手《せんしゅ》ならではの珍記録《ちんきろく》だった。

足《あし》が武器《ぶき》になるのは攻撃《こうげき》だけではない。つぎの試合《しあい》では初回《しょかい》、2《ツー》アウト満塁《まんるい》という大《だい》ピンチで打球《だきゅう》は左中間《さちゅうかん》へ。抜《ぬ》ければ３失点《しってん》の可能性《かのうせい》もあったこの打球《だきゅう》を、センターのオコエ選手《せんしゅ》が俊足《しゅんそく》を飛《と》ばして追《お》いつき、ジャンピングキャッチ！　この試合《しあい》、１対《たい》０での勝利《しょうり》だったことを考《かんが》えると、オコエ選手《せんしゅ》のスーパーキャッチがなければ負《ま》けていたわけだ。

〝機動破壊《きどうはかい》〟と「1大会《たいかい》8盗塁《とうるい》」平山敦規《ひらやまあつき》（健大高崎《けんだいたかさき》）

同《おな》じく「足《あし》」で甲子園《こうしえん》を沸《わ》かせたのが、２０１４年《ねん》、第《だい》96回夏《かいなつ》の甲子園《こうしえん》に出場《しゅつじょう》した健大《けんだい》高崎《たかさき》（群馬《ぐんま》）の平山敦規《ひらやまあつき》選手《せんしゅ》だ。１回戦《かいせん》で１個《こ》、２回戦《かいせん》と３回戦《かいせん》で２個《こ》ずつ盗塁《とうるい》をきめると、準々決勝《じゅんじゅんけっしょう》ではなんと１試合《しあい》３盗塁《とうるい》。「１大会《たいかい》８盗塁《とうるい》」という個人最多盗塁記録《こじんさいたとうるいきろく》に93年《ねん》ぶりにならんだのだ。

平山選手《ひらやませんしゅ》は身長《しんちょう》１６５センチ。高校球児《こうこうきゅうじ》のなかではかなり小《ちい》さい。大《おお》きな選手《せんしゅ》のほうが歩幅《ほはば》は大《おお》きいのだから、走《はし》るうえでは有利《ゆうり》だ。それでも、小《ちい》さな平山選手《ひらやませんしゅ》が盗塁《とうるい》を何度《なんど》もきめたのは、チーム伝統《でんとう》の「常《つね》に次《つぎ》の塁《るい》をねらう」という高《たか》い走塁意識《そうるいいしき》があったから。健《けん》大高崎《だいたかさき》はどの年《とし》であっても「走塁技術《そうるいぎじゅつ》と走塁意識《そうるいいしき》の高《たか》さ」が大《おお》きな武器《ぶき》。足《あし》をからめた攻《こう》撃《げき》（機動力《きどうりょく》）で相手《あいて》チームにダメージを与《あた》えることから「機動破壊《きどうはかい》」と呼《よ》ばれ、ひとたび

甲《こう》子《し》園《えん》のめずらしくてすごい記《き》録《ろく》

連続完封《れんぞくかんぷう》：5試合《しあい》

嶋清一 (1939年夏／海草中・和歌山)

福嶋一雄 (1948年夏／小倉・福岡)

完投最少投球数《かんとうさいしょうとうきゅうすう》：74球《きゅう》(8回)

今川敬三 (1960年春／秋田商・秋田)

1大会《たいかい》での最多投球数《さいたとうきゅうすう》：948球《きゅう》

斎藤佑樹 (2006年夏／7試合／早稲田実・西東京)
※延長18回を1試合、引き分け再試合を1試合ふくむ

1大会《たいかい》の最多盗塁《さいたとうるい》：8盗塁《とうるい》

平山敦規 (2014年夏／健大高崎・群馬) 他2人

最短《さいたん》ゲーム：1時間《じかん》12分《ふん》

小倉中(福岡) 対 岐阜商(岐阜) (1947年夏)

最長《さいちょう》ゲーム：4時間《じかん》55分《ふん》

中京商(愛知) 対 明石中(兵庫) (1933年夏／延長25回)

健《けん》大《だい》高《たか》崎《さき》の選手《せんしゅ》が出塁《しゅつるい》すれば、相手《あいて》バッテリーも観客《かんきゃく》もテレビカメラも、ランナーの動《うご》きに目《め》が釘《くぎ》づけになってしまうほど。これもまた立派《りっぱ》な個性《こせい》といえる。

背《せ》が低《ひく》くても活躍《かつやく》した選手《せんしゅ》たち

平山選手《ひらやませんしゅ》のように、160センチ台《だい》の小柄《こがら》な体《からだ》で甲子《こうし》園《えん》を沸《わ》かせた人物《じんぶつ》は他《ほか》にもいる。

1997年《ねん》、第《だい》79回夏《かいなつ》の甲子園《こうしえん》に出場《しゅつじょう》した秋田商《あきたしょう》（秋《あき》田《た》）のエースは、身長《しんちょう》167センチの石川雅規投手《いしかわまさのりとうしゅ》（現《げん》・ヤクルト）。のちにメジャーでも活躍《かつやく》する和田毅投《わだつよしとう》手《しゅ》（現《げん》・ソフトバンク）と投《な》げあい、見事《みごと》に勝利《しょうり》。背《せ》の低《ひく》い選手《せんしゅ》はプロ入《い》りしにくい、または、なかなか活躍《かつやく》できないのだが、石川投手《いしかわとうしゅ》はプロですでに150勝以上《しょういじょう》を記録《きろく》。まさに「小《ちい》さな大《だい》エース」だ。

バッターに目《め》をむけると、2013年《ねん》、第《だい》95回夏《かいなつ》の甲子園《こうしえん》に出場《しゅつじょう》した花巻東《はなまきひがし》（岩手《いわて》）の2番打者《ばんだしゃ》、身長《しんちょう》156センチの千葉翔太選手《ちばしょうたせんしゅ》が大《おお》きな存在感《そんざいかん》をはなった。ボールをギリギリまでひきつけ、ストライクかボールかきわどい球《たま》はファウルでねばるバットコントロールでフォアボールをうばったかと思《おも》えば、ひとたびあまい球《たま》がくればするどいスイングでヒットを連発《れんぱつ》した千葉選手《ちばせんしゅ》。準々決勝《じゅんじゅんけっしょう》では1安打《あんだ》＋《プラス》4つのフォアボールで全打席《ぜんだせき》に出塁《しゅつるい》してチャンスを演出《えんしゅつ》。相手投手《あいてとうしゅ》が投《な》げた163球中《きゅうちゅう》、ひとりで41球《きゅう》も投《な》げさせることでスタミナをうばい、花巻東《はなまきひがし》のベスト4《フォー》進出《しんしゅつ》に貢献《こうけん》したのだ。

伝説《でんせつ》こぼれ話《ばなし》

個性的《こせいてき》な選手宣誓《せんしゅせんせい》

かつては「スポーツマンシップ」「正々堂々《せいせいどうどう》」といったおなじみの言葉《ことば》ばかりだった開会式《かいかいしき》での選手宣誓《せんしゅせんせい》。大《おお》きくかわったのは1984年夏《ねんなつ》の甲子園《こうしえん》、福井商《ふくいしょう》の坪井久晃《つぼいひさてる》キャプテンがはじめて自分自身《じぶんじしん》で考《かんが》えた言葉《ことば》で宣誓《せんせい》をしてから。以降《いこう》、「自分《じぶん》の言葉《ことば》」で宣誓《せんせい》するスタイルが一般的《いっぱんてき》になった。1987年《ねん》のセンバツでは、京都西《きょうとにし》の上羽功晃《うえばたかあき》キャプテンが英語《えいご》をまじえた宣誓《せんせい》に挑戦《ちょうせん》。途中《とちゅう》、単語《たんご》を忘《わす》れてしまって「すみません」とあやまったことでも話題《わだい》を呼《よ》んだ。他《ほか》にも、手話《しゅわ》つき選手宣誓《せんしゅせんせい》や、大会直前《たいかいちょくぜん》に起《お》きたニュースをもりこんだ宣誓《せんせい》など、毎年《まいとし》さまざまなタイプの宣誓《せんせい》が生《う》まれ、大《おお》きな関心《かんしん》を集《あつ》めつづけている。

魔物《まもの》に打《う》ち勝《か》った〝代打《だいだ》の神様《かみさま》〟今吉晃一《いまよしこういち》（鹿児島工《かごしまこう》）

2006年《ねん》、第《だい》88回夏《かいなつ》の甲子園《こうしえん》では、レギュラーではない選手《せんしゅ》が大《おお》きな話題《わだい》を集《あつ》めた。鹿児島工《かごしまこう》（鹿児島《かごしま》）の今吉晃一選手《いまよしこういちせんしゅ》だ。元々《もともと》は捕手《ほしゅ》だったが、腰《こし》を痛《いた》めてしまったことで代打専門《だいだせんもん》の選手《せんしゅ》に。流《なが》れを変《か》えたい「ここぞ！」という場面《ばめん》で代打《だいだ》に送《おく》られると、「シャーッ！」という雄叫《おたけ》びをあげて打席《だせき》に立《た》ち、期待《きたい》にこたえてみせた。県大会《けんたいかい》では6打数《だすう》5安打《あんだ》と打率《だりつ》8割《わり》超《ご》え。そのチャンスでの強《つよ》さは甲子園《こうしえん》でもかわらなかった。象徴的《しょうちょうてき》だったのが準々決勝《じゅんじゅんけっしょう》。1点《てん》を追《お》う7回《かい》に代打《だいだ》で起用《きよう》されると、ショートを強襲《きょうしゅう》する内野安打《ないやあんだ》。一塁《るい》へのヘッドスライディングでもチームにいきおいをもたらすと、そこから見事《みごと》に同点《どうてん》に追《お》いつき、さいごは延長戦《えんちょうせん》の末《すえ》に勝利《しょうり》をもぎとったのだ。甲子園《こうしえん》での成績《せいせき》は4打数《だすう》2安打《あんだ》。県大会《けんたいかい》もふくめると10打数《だすう》7安打《あんだ》。この活躍《かつやく》の理由《りゆう》を聞《き》かれた今吉選手《いまよしせんしゅ》は、「甲子園《こうしえん》には『魔物《まもの》がいる』っていうじゃないですか。僕《ぼく》は、その『魔物《まもの》』に力《ちから》を貸《か》してもらったと思《おも》っています」とコメント。いつしか「代打《だいだ》の神様《かみさま》」と呼《よ》ばれるようになり、大会《たいかい》が終《お》わって何年《なんねん》もすぎたいまでも、高校野球《こうこうやきゅう》ファンの間《あいだ》で語《かた》り継《つ》がれている。

コラム❷ 伝説《でんせつ》のノーヒッター&怪物《かいぶつ》たち

平成以前《へいせいいぜん》のレジェンドプレーヤー

甲子園最多勝男《こうしえんさいたしょうおとこ》　吉田正男《よしだまさお》（中京商《ちゅうきょうしょう》）

毎年《まいとし》のようにスター選手《せんしゅ》があらわれる甲子園大会《こうしえんたいかい》。そのなかでも、歴史的偉業《れきしてきいぎょう》を成《な》しとげた選手《せんしゅ》、ひと際注目《きわちゅうもく》を集《あつ》めた選手《せんしゅ》たちを、平成以前《へいせいいぜん》の歴史《れきし》からもふりかえってみよう。

長《なが》い甲子園《こうしえん》の歴史《れきし》において、大会通算《たいかいつうさん》20勝《しょう》投手《とうしゅ》はたったふたりしかいない。ひとりは、1983年《ねん》から1985年《ねん》の3年間《ねんかん》・5大会《たいかい》で20勝《しょう》（3敗《ぱい》）をあげたPL学園《ピーエルがくえん》（大阪《おおさか》）の桑田真澄投手《くわたますみとうしゅ》（元《もと》・巨人他《きょじんほか》）。そしてもうひとりが、1931年《ねん》から1933年《ねん》の3年間《ねんかん》・6大会《たいかい》で23勝《しょう》（3敗《ぱい》）をあげた中京商《ちゅうきょうしょう》（愛知《あいち》）の吉田正男投手《よしだまさおとうしゅ》だ。いまとは参加《さんか》できる期間《きかん》が異《こと》なり、甲子園《こうしえん》に6回出場《かいしゅつじょう》できたことも大《おお》きいが、春《はる》は準優勝《じゅんゆうしょう》1回《かい》、夏《なつ》は優勝《ゆうしょう》3回《かい》とにかく強《つよ》かった。中京商《ちゅうきょうしょう》の成《な》しとげた大記録《だいきろく》「夏《なつ》3連覇《れんぱ》」の立役者《たてやくしゃ》だ。

吉田投手《よしだとうしゅ》の演《えん》じた名勝負《めいしょうぶ》のなかでも、とくにすごかったのが夏《なつ》3連覇《れんぱ》のかかった1933年《ねん》の甲子園大会《こうしえんたいかい》。初戦《しょせん》でノーヒットノーランという快投《かいとう》を見《み》せると、準決勝《じゅんけっしょう》の明石中《あかしちゅう》（兵庫《ひょうご》）戦《せん》では延長《えんちょう》25回《かい》の死闘《しとう》、336球《きゅう》をひとりで投《な》げぬき、1対《たい》0で完封勝利《かんぷうしょうり》。夏《なつ》14勝《しょう》（無敗《むはい》）は大会最多勝《たいかいさいたしょう》だ。

2試合連続《しあいれんぞく》ノーヒッター　嶋清一《しませいいち》（海草中《かいそうちゅう》）

「平成《へいせい》の怪物《かいぶつ》」と呼《よ》ばれた松坂大輔投手《まつざかだいすけとうしゅ》（現《げん》・中日《ちゅうにち》）は、甲子園《こうしえん》さいごの夏《なつ》の決勝戦《けっしょうせん》でノーヒットノーランを達成《たっせい》して伝説《でんせつ》になった。だが、それ以上《いじょう》にすごい、準決勝《じゅんけっしょう》・決勝《けっしょう》の2試合連続《しあいれんぞく》ノーヒットノーランという大偉業《だいいぎょう》を成《な》しとげたのが、松坂投手《まつざかとうしゅ》からさかのぼること59年前《ねんまえ》の1939年夏《ねんなつ》、第《だい》25回大会《かいたいかい》での海草中《かいそうちゅう》（和歌山《わかやま》）・嶋清一投手《しませいいちとうしゅ》だ。

この大会《たいかい》では他《ほか》にも、全《ぜん》5試合完封《しあいかんぷう》&《アンド》45イニング連続無失点《れんぞくむしってん》での優勝《ゆうしょう》という偉業《いぎょう》も達成《たっせい》。「天魔鬼神《てんまきしん》の快投《かいとう》」と呼《よ》ばれた。これだけの大投手《だいとうしゅ》でありながら、戦争《せんそう》によって24歳《さい》の若《わか》さで命《いのち》をおとしたのが残念《ざんねん》でならない。

甲子園《こうしえん》の土第《つちだい》1号《ごう》　福嶋一雄《ふくしまかずお》（小倉《こくら》）

甲子園《こうしえん》で準優勝《じゅんゆうしょう》1回《かい》、夏《なつ》の優勝《ゆうしょう》2回《かい》。戦後《せんご》さいしょの大《だい》スター、といわれるのが小倉中《こくらちゅう》、小倉高《こくらこう》（福岡《ふくおか》）のエースだった福嶋一雄投手《ふくしまかずおとうしゅ》だ。

1947年夏《ねんなつ》の大会《たいかい》では、小倉中《こくらちゅう》のエースとして優勝《ゆうしょう》。翌年《よくとし》、学校制度《がっこうせいど》がかわり、全国《ぜんこく》で中学《ちゅうがく》から高校《こうこう》へときりかわった大会《たいかい》でも小《こ》倉高校《くらこうこう》のエースとして優勝《ゆうしょう》。しかも、嶋投手《しまとうしゅ》以来《いらい》となる史上《しじょう》ふたり目《め》の全《ぜん》5試合完封《しあいかんぷう》&《アンド》45イニング連続無失点《れんぞくむしってん》での連覇達成《れんぱたっせい》だった。

翌年《よくとし》の夏《なつ》の大会《たいかい》では、右《みぎ》ヒジの痛《いた》みもあってベスト8《エイト》どまり。ただ、このときに土《つち》を持《も》ち帰《かえ》ったのが、負《ま》けた球児《きゅうじ》による「甲子園《こうしえん》の土《つち》」という文化《ぶんか》のはじまり、とされている。

奪三振王《だつさんしんおう》　板東英二《ばんどうえいじ》（徳島商《とくしましょう》）

高校野球《こうこうやきゅう》で「引《ひ》き分《わ》け再試合《さいしあい》」という制度《せいど》ができたのは、徳島商《とくしましょう》（徳島《とくしま》）の板東英二投《ばんどうえいじとう》手《しゅ》（元《もと》・中日《ちゅうにち》）の死闘《しとう》がきっかけ。1958年《ねん》の春季四国大会《しゅんきしこくたいかい》で、準決勝《じゅんけっしょう》が延長《えんちょう》16回《かい》、翌《よく》日《じつ》の決勝《けっしょう》も延長《えんちょう》25回《かい》をひとりで投《な》げたのが問《もん》題《だい》となり、直後《ちょくご》の夏《なつ》の甲子園《こうしえん》から「延長戦《えんちょうせん》は18回《かい》で打《う》ちきり、勝負《しょうぶ》がつかない場合《ばあい》は引《ひ》き分《わ》け再試合《さいしあい》」とするルールが生《う》まれたのだ。

むかえた夏《なつ》の甲子園《こうしえん》、板東投手《ばんどうとうしゅ》は準々決《じゅんじゅんけっ》勝《しょう》・魚津《うおづ》（富山《とやま》）との試合《しあい》で延長《えんちょう》18回《かい》を完投《かんとう》し、0対《たい》0で引《ひ》き分《わ》け。皮肉《ひにく》にもルール適用《てきよう》第《だい》1号《ごう》となっている。なお、この大会《たいかい》で記録《きろく》した通算《つうさん》83奪三振《だっさんしん》は、いまも歴代《れきだい》1位《い》だ。

元祖《がんそ》・甲子園《こうしえん》アイドル　太田幸司《おおたこうじ》（三沢《みさわ》）

いまだ実現《じつげん》できない、東北勢初《とうほくぜいはつ》の全国制覇《ぜんこくせいは》。この悲願《ひがん》にもっとも近《ちか》づいたのが、太田幸司《おおたこうじ》投手《とうしゅ》（元《もと》・近鉄他《きんてつほか》）のいた三沢《みさわ》（青森《あおもり》）だ。

1969年夏《ねんなつ》、第《だい》51回大会《かいたいかい》に出場《しゅつじょう》した三沢《みさわ》と太田投手《おおたとうしゅ》は、東北勢《とうほくぜい》では戦後初《せんごはつ》の決勝進出《けっしょうしんしゅつ》をはたし、松山商《まつやましょう》（愛媛《えひめ》）と対戦《たいせん》した。

投手戦《とうしゅせん》となったこの試合《しあい》、太田投手《おおたとうしゅ》はひとりで262球《きゅう》を投《な》げぬき、延長《えんちょう》18回《かい》、0対《たい》0で引《ひ》き分《わ》け。翌日《よくじつ》の再試合《さいしあい》も完投《かんとう》したが、2対《たい》4で敗《やぶ》れてしまった。その悲劇的《ひげきてき》な一面《いちめん》と、外国人《がいこくじん》の血《ち》も受《う》け継《つ》いだモデルのような顔《かお》から女性人気《じょせいにんき》が爆発《ばくはつ》。のちにつづく「甲子園《こうしえん》アイドル球児《きゅうじ》」のさきがけとなった。

元祖《がんそ》・怪物《かいぶつ》 江川卓《えがわすぐる》（作新学院《さくしんがくいん》）

高校野球《こうこうやきゅう》ですごい選手《せんしゅ》がでてくると、「怪《かい》物《ぶつ》」と表現《ひょうげん》することが多《おお》い。その第《だい》1号《ごう》が作《さく》新学院《しんがくいん》（栃木《とちぎ》）の江川卓投手《えがわすぐるとうしゅ》（元《もと》・巨人《きょじん》）だ。

とにかくストレートが速《はや》く、相手打者《あいてだしゃ》のバットがボールにかすっただけで歓声《かんせい》がわきあがったほど。当時《とうじ》はスピードガンがなく、正確《せいかく》な球速《きゅうそく》はわからないが、「高校野球史上《こうこうやきゅうしじょう》最速《さいそく》」という声《こえ》も多《おお》い。県大会《けんたいかい》では2度《ど》の完《かん》全試合《ぜんじあい》をふくむ、9度《ど》のノーヒットノーラン。甲子園《こうしえん》にでてくる前《まえ》から騒《さわ》がれつづけた。

甲子園初登場《こうしえんはつとうじょう》は3年春《ねんはる》、1973年《ねん》のセンバツ大会《たいかい》。ベスト4《フォー》まで進出《しんしゅつ》し、センバツ記《き》録《ろく》となる大会通算《たいかいつうさん》60奪三振《だつさんしん》をマークした。

リアル・ドカベン 香川伸行《かがわのぶゆき》（浪商《なみしょう》）

大阪《おおさか》の名門《めいもん》、浪商《なみしょう》（現《げん》・大体大浪商《だいたいだいなみしょう》）で1年生《ねんせい》から正捕手《せいほしゅ》をつとめ、甲子園《こうしえん》にも3回出《かいしゅつ》場《じょう》した香川伸行選手《かがわのぶゆきせんしゅ》（元《もと》・南海他《なんかいほか》）。甲子園《こうしえん》では通算打率《つうさんだりつ》4割《わり》4分《ぶ》4厘《りん》、12打点《だてん》と大当《おおあ》たり。1979年夏《ねんなつ》の大会《たいかい》では史上初《しじょうはつ》の3試合《しあい》連続《れんぞく》ホームランも達成《たっせい》。甲子園通算《こうしえんつうさん》ホームラン5本《ほん》は、PL学園《ピーエルがくえん》の清原和博選手《きよはらかずひろせんしゅ》（元《もと》・西《せい》武他《ぶほか》）にやぶられるまで最多記録《さいたきろく》だった。

また、「捕手《ほしゅ》・巨体《きょたい》・スラッガー」という特徴《とくちょう》が野球漫画《やきゅうまんが》『ドカベン』の主人公《しゅじんこう》、山田《やまだ》太郎《たろう》に似《に》ていることから、ついたニックネームが「ドカベン」。全国制覇《ぜんこくせいは》には届《とど》かなかったが、漫画《まんが》のような活躍《かつやく》で人気者《にんきもの》となった。

甲子園《こうしえん》レジェンドプレーヤーランキング

順位《じゅんい》	選手名《せんしゅめい》	チーム名《めい》	レジェンドの証《あかし》
1位	松坂大輔《まつざかだいすけ》	横浜《よこはま》（神奈川）	甲子園春夏連覇《こうしえんはるなつれんぱ》の「平成《へいせい》の怪物《かいぶつ》」。夏《なつ》の決《けっ》勝《しょう》はノーヒットノーランでしめくくった。
2位	斎藤佑樹《さいとうゆうき》	早稲田実《わせだじつ》（西東京）	甲子園記録《こうしえんきろく》の69回《かい》・948球《きゅう》を投《な》げぬき優《ゆう》勝《しょう》。引《ひ》き分《わ》け再試合《さいしあい》となった決勝《けっしょう》は伝説《でんせつ》だ。
3位	松井秀喜《まついひでき》	星稜《せいりょう》（石川）	あだ名《な》は「ゴジラ」。あまりにも打《う》ちすぎるのでさいごの試合《しあい》では全打席《ぜんだせき》で敬遠《けいえん》された……。
4位	藤浪晋太郎《ふじなみしんたろう》	大阪桐蔭《おおさかとういん》（大阪）	春夏連覇《はるなつれんぱ》の甲子園史上最長身選手《こうしえんしじょうさいちょうしんせんしゅ》。150キロを超《こ》える剛速球《ごうそっきゅう》でバッターを圧倒《あっとう》した。
5位	島袋洋奨《しまぶくろようすけ》	興南《こうなん》（沖縄）	「琉球《りゅうきゅう》トルネード」と呼《よ》ばれたフォームで熱《ねっ》投《とう》。沖縄悲願《おきなわひがん》の夏制覇《なつせいは》を春夏連覇《はるなつれんぱ》で達成《たっせい》。
6位	田中将大《たなかまさひろ》	駒大苫小牧《こまだいとまこまい》（南北海道）	夏《なつ》3連覇《れんぱ》に挑《いど》むもくやしい敗戦《はいせん》。剛速球《ごうそっきゅう》と「消《き》える魔球《まきゅう》」スライダーを武器《ぶき》に活躍《かつやく》した。
7位	松井裕樹《まついゆうき》	桐光学園《とうこうがくえん》（神奈川）	甲子園《こうしえん》の「奪三振王《だつさんしんおう》」。1試合《しあい》・27アウトのうち22三振《さんしん》をうばい、10者連続奪三振《しゃれんぞくだつさんしん》もマーク。
8位	ダルビッシュ有《ゆう》	東北《とうほく》（宮城）	ケガに苦《くる》しみながら夏《なつ》の甲子園《こうしえん》で準優勝《じゅんゆうしょう》。春《はる》はノーヒットノーランも達成《たっせい》した。
9位	佐藤由規《さとうよしのり》	仙台育英《せんだいいくえい》（宮城）	甲子園最速《こうしえんさいそく》155キロをマークした「みちのくのプリンスK《ケー》」。左手《ひだりて》を骨折《こっせつ》しながら熱投《ねっとう》。
10位	清宮幸太郎《きよみやこうたろう》	早稲田実《わせだじつ》（西東京）	1年生《ねんせい》で甲子園《こうしえん》2本塁打《ほんるいだ》は史上《しじょう》ふたり目《め》。3年間《ねんかん》で高校通算《こうこうつうさん》111本塁打《ほんるいだ》と打《う》ちまくった。

1位《い》は「平成《へいせい》の怪物《かいぶつ》」こと松坂大輔《まつざかだいすけ》（横浜《よこはま》）。多《おお》くの名勝負《めいしょうぶ》で甲子園《こうしえん》をいっぱいにうめた観客《かんきゃく》を興奮《こうふん》させた。惜《お》しくもランク外《がい》だが、1試合《しあい》・8打点《だてん》の筒香嘉智《つつごうよしとも》（横浜《よこはま》）の活躍《かつやく》も光《ひか》る。また、昭和《しょうわ》には桑田真澄《くわたますみ》、清原和博《きよはらかずひろ》のKK《ケーケー》コンビ（PL《ピーエル》学園《がくえん》）も大活躍《だいかつやく》した。

第2章

Legend Match

甲子園のレジェンドマッチ

2009年夏

9回《かい》2アウトから起《お》きた奇跡《きせき》のドラマ

中《ちゅう》京《きょう》大《だい》中《ちゅう》京《きょう》（愛知《あいち》）×日《に》本《ほん》文《ぶん》理《り》（新潟《にいがた》）

甲子園優勝《こうしえんゆうしょう》 10回《かい》のレジェンドチーム・中京大中京《ちゅうきょうだいちゅうきょう》（愛知《あいち》）が優勝記録《ゆうしょうきろく》をのばすにちがいない！　誰《だれ》もがそう思《おも》った瞬間《しゅんかん》、悲願《ひがん》の初優勝《はつゆうしょう》をあきらめない日本文理《にほんぶんり》（新潟《にいがた》）の「終《お》わらない夏《なつ》」がはじまった

9回《かい》、6点差《てんさ》、2《ツー》アウト走者《そうしゃ》なしからのドラマ

「野球《やきゅう》は9回《かい》2《ツー》アウトから」という言葉《ことば》がある。「ゲームセット」と審判《しんぱん》が宣言《せんげん》するまで希望《きぼう》を捨《す》てずにあきらめるな、という意味《いみ》だ。どんなに点差《てんさ》がひらいても、一度《ど》のイニングで何点《なんてん》でも得点《とくてん》することができる野球《やきゅう》だからこそ、そんな「奇跡《きせき》」を信《しん》じたくなる。

この「野球《やきゅう》は9回《かい》2《ツー》アウトから」で実際《じっさい》にもりあがったのが、２００９年《ねん》、第《だい》91回夏《かいなつ》の甲子園大会《こうしえんたいかい》・決勝《けっしょう》、日本文理《にほんぶんり》（新潟《にいがた》）対中京大中京《たいちゅうきょうだいちゅうきょう》（愛知《あいち》）だ。試合《しあい》は8回終了時点《かいしゅうりょうじてん》で、中京大中京《ちゅうきょうだいちゅうきょう》が10対《たい》4と6点《てん》もリード。新潟県勢初優勝《にいがたけんぜいはつゆうしょう》をめざした日本文理《にほんぶんり》だったが、最終《さいしゅう》回《かい》の攻撃《こうげき》も簡単《かんたん》に2《ツー》アウト。しかも、相手《あいて》はこの大会以前《たいかいいぜん》に春《はる》・夏《なつ》あわせて全国優勝回数《ぜんこくゆうしょうかいすう》歴代《れきだい》1位《い》の10回《かい》をほこる、超名門《ちょうめいもん》の中京大中京《ちゅうきょうだいちゅうきょう》。さすがにこれはもうきまりだ……誰《だれ》もがそう思《おも》った状況《じょうきょう》から、まさかの展開《てんかい》がつづいたのだ。

エースに託《たく》した最終回《さいしゅうかい》のマウンド

試合《しあい》がはじまったとき、中京大中京《ちゅうきょうだいちゅうきょう》の先発《せんぱつ》マウンドにいたのはエースの堂林翔太《どうばやししょうた》投手《とうしゅ》

(現《げん》・広島《ひろしま》)。この大会《たいかい》では、投手《とうしゅ》としては1回戦《かいせん》から準決勝《じゅんけっしょう》まで毎試合登板《まいしあいとうばん》して完投勝利《かんとうしょうり》ふたつ。打者《だしゃ》としては毎試合安打《まいしあいあんだ》、毎試合打点《まいしあいだてん》を記録《きろく》する大活躍《だいかつやく》を見《み》せていた。

決勝戦《けっしょうせん》でもそのスターぶりは健在《けんざい》。1回裏《かいうら》に先制《せんせい》となる2《ツー》ランホームランを打《う》つと、6回裏《かいうら》にも堂林選手《どうばやしせんしゅ》の2《ツー》ベースをふくめ、ヒット5本《ほん》で6得点《とくてん》。その後《ご》も得点《とくてん》をかさね、中京大中京《ちゅうきょうだいちゅうきょう》は10対《たい》4と大量《たいりょう》リード。先発《せんぱつ》の堂林投手《どうばやしとうしゅ》は途中《とちゅう》でマウンドを降《お》り、8回《かい》までは外野《がいや》を守《まも》っていた。ただ、「さいごはエースで勝《か》ちたい」というチームの判断《はんだん》で、9回表《かいおもて》、背番号《せばんごう》「1」の堂林選手《どうばやしせんしゅ》がふたたびマウンドへ。簡単《かんたん》に2《ツー》アウトをとり、優勝《ゆうしょう》まであとアウトひとつ。2《ツー》ストライクに追《お》いこみ、あと1球《きゅう》。だが、ここから日本文理《にほんぶんり》の逆襲《ぎゃくしゅう》がはじまる。

とまらない攻撃《こうげき》。とまらない日本文理《にほんぶんり》

9回《かい》2《ツー》アウト、ランナーなしと追《お》いこまれた日本文理《にほんぶんり》だったが、1番打者《ばんだしゃ》がフルカウントまでねばってフォアボールで出塁《しゅつるい》。つづく2番打者《ばんだしゃ》もフルカウントまでねばって2《ツー》ベース。一塁《るい》ランナーがホームに帰《かえ》ってきて10対《たい》5。なおもランナー二塁《るい》で、3番打者《ばんだしゃ》が3《スリー》ベース

ヒット！　1点《てん》を追加《ついか》し、10対《たい》6とその差《さ》は4点《てん》にちぢまった。

だが、つづく4番《ばん》打者《だしゃ》は、平凡《へいぼん》なサードへのファウルフライを打《う》ちあげてしまう。誰《だれ》もが「終《お》わった」と思《おも》った瞬間《しゅんかん》、中京大中京《ちゅうきょうだいちゅうきょう》の三塁手《るいしゅ》がボールを見失《みうしな》ってしまい、捕《と》ることができなかった。甲子《こうし》園球場《えんきゅうじょう》はどよめきにつつまれた。

　これで動揺《どうよう》したのか、堂林《どうばやし》投手《とうしゅ》がつぎに投《な》げた球《たま》はデッドボールに。2《ツー》アウト一、三塁《るい》となり、堂林《どうばやし》投手《とうしゅ》はここでふたたびマウンドを降《お》りることになった。だが、日本文理《にほんぶんり》のいきおいはとまらない。フォアボールと2本《ほん》のタイムリーヒットで10対《たい》9。2《ツー》アウトから5点《てん》もうばい、ついに1点差《てんさ》にまで追《お》いあげたのだ。

　なおも2《ツー》アウトランナー一、三塁《るい》。一打《だ》同点《どうてん》、長打《ちょうだ》なら逆転《ぎゃくてん》という場面《ばめん》で、この回《かい》、日本文理《にほんぶんり》10人目《にんめ》の打者《だしゃ》がはなった打球《だきゅう》は、快音《かいおん》をのこしてサード方向《ほうこう》へ飛《と》んだ。

	一	二	三	四	五	六	七	八	九	計
日本文理	0	1	1	0	0	0	1	1	5	9
中京大中京	2	0	0	0	0	6	2	0	X	10

あきらめないことで、ドラマが生《う》まれる

抜《ぬ》ければ同点《どうてん》、という痛烈《つうれつ》な打球《だきゅう》だったが、運《うん》悪《わる》く三塁《るい》手《しゅ》の真《ま》正面《しょうめん》に。これをつかんで、ついにゲームセット。中京大中京《ちゅうきょうだいちゅうきょう》が1点差勝《てんさしょう》利《り》で、春夏《はるなつ》あわせて11度目《どめ》の栄冠《えいかん》を手《て》にした。

けっきょく、日本文理《にほんぶんり》の「奇跡《きせき》の逆転《ぎゃくてん》」はかなわなかったが、奇跡以上《きせきいじょう》の濃密《のうみつ》なドラマがそこにはあった。そして、この試合《しあい》を見《み》た誰《だれ》もが「あきらめないことの大切《たいせつ》さ」を学《まな》んだのはまちがいない。「野球《やきゅう》は9回《かい》2《ツー》アウトから」は、誰《だれ》にもおこりうる奇跡《きせき》のはじまりなのだ。

伝説《でんせつ》こぼれ話《ばなし》

名試合《めいしあい》は、名実況《めいじっきょう》を生《う》む

高校野球《こうこうやきゅう》を楽《たの》しむうえでかかせないもののひとつが、テレビの実況中継《じっきょうちゅうけい》だ。ときに実況《じっきょう》アナウンサーの発《はっ》する言葉《ことば》が、試合《しあい》の魅力《みりょく》をより一層《いっそう》ひきたてることがある。この試合《しあい》の9回《かい》、日本文理《にほんぶんり》の猛攻撃《もうこうげき》のなかで実況《じっきょう》アナウンサーが発《はっ》した「つないだ、つないだ！　日《に》本文理《ほんぶんり》の夏《なつ》はまだ終《お》わらな〜い！」もそのひとつだ。試合時間《しあいじかん》2時間《じかん》30分《ぷん》のうち、日本文《にほんぶん》理《り》の2《ツー》アウトからの攻撃《こうげき》はわずか19分間《ふんかん》。だが、どこまでつづくかわからない緊張感《きんちょうかん》に満《み》ちあふれていた。その場《ば》にいた選手全員《せんしゅぜんいん》、そしてかかわったひとすべてが、「19分間《ふんかん》の奇《き》跡《せき》」というドラマの演出家《えんしゅつか》であり、目撃者《もくげきしゃ》だったのだ。

その後《ご》の球児《きゅうじ》たち

勝《か》って泣《な》いた中京大中京《ちゅうきょうだいちゅうきょう》。負《ま》けてわらった日本文理《にほんぶんり》

「苦《くる》しくて……さいごまで投《な》げたかったんですけど……情《なさ》けなくて……すみませんでした」

試合後《しあいご》、負《ま》け投手《とうしゅ》のようなこのコメントをのこしたのは、優勝《ゆうしょう》した中京大中京《ちゅうきょうだいちゅうきょう》の堂林投手《どうばやしとうしゅ》。だが、このくやしさがあったからこそ、のちに広島《ひろしま》カープでも人気選手《にんきせんしゅ》になったのだ。

一方《いっぽう》、負《ま》けた日本文理《にほんぶんり》の選手《せんしゅ》たちは、どの選手《せんしゅ》もさわやかな笑顔《えがお》をのこしていた。さいごにすべてをだしきった満足感《まんぞくかん》、そして、試合前《しあいまえ》から「わらって新潟《にいがた》に帰《かえ》ろう」が合言葉《あいことば》だったからだ。そんな日本文理《にほんぶんり》の選手《せんしゅ》たちが決勝《けっしょう》の翌日《よくじつ》、新潟《にいがた》へと帰《かえ》ると、空港《くうこう》では1000人《にん》ものファンが笑顔《えがお》ででむかえてくれた。新潟県勢初優勝《にいがたけんぜいはつゆうしょう》、という悲願達成《ひがんたっせい》はできなかったが、新潟《にいがた》のひとたちにのこしたものはとても大《おお》きかった。

2007年夏

無名《むめい》の公立高校《こうりつこうこう》がミラクルな快進撃《かいしんげき》で頂点《ちょうてん》に

佐賀北《さがきた》(佐賀《さが》)の夏《なつ》

2007年夏《ねんなつ》、無名《むめい》の公立高校《こうりつこうこう》・佐賀北《さがきた》が強豪私立《きょうごうしりつ》をつぎつぎとやぶるミラクルな快進撃《かいしんげき》を見《み》せる。「がばい（すごい）旋風《せんぷう》」にのった佐賀北《さがきた》は絶体絶命《ぜったいぜつめい》の決勝戦《けっしょうせん》でも信《しん》じられないドラマを生《う》んだ

「ミラクル佐賀北《さがきた》」がおこした「がばい旋風《せんぷう》」

過去《かこ》20年《ねん》、甲子園《こうしえん》で優勝《ゆうしょう》する学校《がっこう》のほとんどは、運動部《うんどうぶ》の活動《かつどう》がさかんな私立校《しりつこう》だ。「あの名門校《めいもんこう》で野球《やきゅう》がしたい」と、わざわざ遠《とお》くの私立校《しりつこう》への進学《しんがく》を選《えら》ぶ野球少年《やきゅうしょうねん》もいる。

だからこそ、学区《がっく》がきまっていたり、運動部《うんどうぶ》の予算《よさん》がかぎられていたりする公立校《こうりつこう》が甲子園《こうしえん》を勝《か》ちあがることはとてもむずかしい。高校野球《こうこうやきゅう》ファンはそのことがわかっているから、甲子園《こうしえん》にでてきた公立校《こうりつこう》には、ひと際《きわ》あたたかい声援《せいえん》を送《おく》る。そんな応援《おうえん》の後押《あとお》しを受《う》け、夏《なつ》の甲子園《こうしえん》を制《せい》したのが、2007年《ねん》、第《だい》89回大会《かいたいかい》の佐賀県立佐賀北高校《さがけんりつさがきたこうこう》だ。専用《せんよう》グラウンドもない無名《むめい》の公立校《こうりつこう》が甲子園《こうしえん》で奇跡的《きせきてき》な試合《しあい》をつづけ、あれよあれよと勝《か》ちあがっていったその活躍《かつやく》ぶりは「ミラクル佐賀北《さがきた》」、または佐賀《さが》の方言《ほうげん》で「とっても（すごい）」という意味《いみ》の「がばい」をつけて、「がばい旋風《せんぷう》」とも呼《よ》ばれている。

戦《たたか》うたびにうまく、強《つよ》くなっていく佐賀北《さがきた》の選手《せんしゅ》たち

2007年夏《ねんなつ》の甲子園《こうしえん》、大会初日《たいかいしょにち》の開幕戦《かいまくせん》。福井商《ふくいしょう》（福井《ふくい》）との試合《しあい》に登場《とうじょう》した佐賀北《さがきた》

は2対《たい》0と見事《みごと》な完封勝利《かんぷうしょうり》。注目度《ちゅうもくど》の高《たか》い「開幕戦《かいまくせん》」というプレッシャーに打《う》ち勝《か》ち、幸《さい》先《さき》のいいスタートをきった。だが、注目度《ちゅうもくど》はまだそれほど高《たか》くはなかった。

「がばい旋風《せんぷう》」のはじまりはつづく2回戦《かいせん》、宇治山田商《うじやまだしょう》（三重《みえ》）との一戦《いっせん》だ。この試合《しあい》は、延長《えんちょう》15回《かい》でも決着《けっちゃく》がつかず、4対《たい》4で引《ひ》き分《わ》け。2日後《ふつかご》におこなわれた史上《しじょう》5度目《どめ》の再試《さいし》合《あい》では佐賀北打線《さがきただせん》が爆発《ばくはつ》し、9対《たい》1で勝利《しょうり》。このころから、佐賀北《さがきた》を見《み》る目《め》がかわりつつあった。

3回戦《かいせん》も勝利《しょうり》し、つぎの準々決勝《じゅんじゅんけっしょう》の相手《あいて》は甲子園優勝経験《こうしえんゆうしょうけいけん》もある名門《めいもん》、帝京《ていきょう》（東東京《ひがしとうきょう》）。この大会《たいかい》でも優勝候補《ゆうしょうこうほ》にあげられていた強敵相手《きょうてきあいて》に、佐賀北《さがきた》は延長《えんちょう》13回《かい》の末《すえ》に劇的《げきてき》なサヨナラ勝《が》ち。そのいきおいのまま、2日後《ふつかご》の準決勝《じゅんけっしょう》では見事《みごと》な完封勝利《かんぷうしょうり》。無名《むめい》の公立校《こうりつこう》がついに決勝《けっしょう》にまでたどりついたのだ。甲子園《こうしえん》という大舞台《おおぶたい》で注目《ちゅうもく》されつづけたことで、佐賀《さが》北《きた》の球児《きゅうじ》たちは戦《たたか》うたびにどんどんうまく、強《つよ》くなっていった。なかでも、エース久保貴《くぼたか》大《ひろ》投手《とうしゅ》の安定感《あんていかん》はバツグン。決勝《けっしょう》まで29イニングを投《な》げて無失点《むしってん》。佐賀北《さがきた》の快進撃《かいしんげき》をささえていた。

選手《せんしゅ》たち以上《いじょう》に「ミラクル」を期待《きたい》した観客《かんきゃく》

決勝《けっしょう》の相手《あいて》は広島《ひろしま》の野球名門校《やきゅうめいもんこう》、広陵《こうりょう》。佐賀北《さがきた》はここまで延長戦《えんちょうせん》が2回《かい》、再試合《さいしあい》1回《かい》と、約《やく》2試合分多《しあいぶんおお》く戦《たたか》っているつかれもあって、快進撃《かいしんげき》もここまでか!? という予想《よそう》がほとんどだった。そしてそのとおり、決勝戦《けっしょうせん》は広陵《こうりょう》ペースですすんだ。8回表《かいおもて》を終《お》わって0対《たい》4。広陵《こうりょう》のエース野村祐輔投手《のむらゆうすけとうしゅ》（現《げん》・広島《ひろしま》）と受《う》けるキャッチャーの小林誠司選手《こばやしせいじせんしゅ》（現《げん》・巨人《きょじん》）のバッテリー相手《あいて》に、ヒット1本《ぽん》しか打《う》つことができず、三振《さんしん》の数《かず》はすでに10個《こ》に達《たっ》していた。

だが、8回裏《かいうら》、佐賀北《さがきた》にこの試合《しあい》はじめての連続《れんぞく》ヒットが生《う》まれ、1《ワン》アウト一、二塁《るい》とチャンスをつかむと、甲子園《こうしえん》の空気《くうき》が一変《いっぺん》。この大会《たいかい》で何度《なんど》も演《えん》じてきた「ミラクル佐賀北《さがきた》」を、甲子園球場《こうしえんきゅうじょう》に集《あつ》まったファンが期待《きたい》しはじめ、佐賀北《さがきた》への声援《せいえん》が高《たか》まったのだ。

奇跡《きせき》のような逆転満塁《ぎゃくてんまんるい》ホームラン。そして……

球場全体《きゅうじょうぜんたい》が佐賀北《さがきた》を応援《おうえん》するかのような空気《くうき》がプレッシャーになったのか、広陵《こうりょう》・野村《のむら》投手《とうしゅ》はここから2者連続《しゃれんぞく》のフォアボールで押《お》し出《だ》しの1点《てん》が佐賀北《さがきた》へ。3点差《てんさ》となり、なおも満塁《まんるい》で打席《だせき》には3番《ばん》の副島浩史《そえじまひろし》選手《せんしゅ》。その3球目《きゅうめ》、副島選手《そえじませんしゅ》がフルスイングした打球《だきゅう》は高々《たかだか》と舞《ま》いあがり、大声援《だいせいえん》を送《おく》っていたレフトスタンドへ。甲子園決勝《こうしえんけっしょう》という大舞台《おおぶたい》で生《う》まれた、奇跡《きせき》のような逆転満塁《ぎゃくてんまんるい》ホームラン。そして最終回《さいしゅうかい》、久保投手《くぼとうしゅ》が広陵打線《こうりょうだせん》を無失点《むしってん》におさえ、5対《たい》4で佐賀北《さがきた》が夏《なつ》の王者《おうじゃ》となったのだ。

公立校《こうりつこう》の優勝《ゆうしょう》はじつに11年《ねん》ぶり。例年《れいねん》よりも熱《あつ》かった2007年《ねん》の夏《なつ》。佐賀北《さがきた》のおこした「がばい旋風《せんぷう》」は、さわやかな風《かぜ》となって高校野球《こうこうやきゅう》ファンの間《あいだ》をふきぬけていった。

伝説《でんせつ》こぼれ話《ばなし》

奇跡《きせき》は2度目《どめ》の佐賀県勢《さがけんぜい》

夏《なつ》の決勝戦《けっしょうせん》での満塁《まんるい》ホームランは、これまでにたった3本《ぼん》しかでていない。そのうちの2本《ほん》は、なんとどちらも佐賀県勢《さがけんぜい》が打《う》ったもの。1本目《ぽんめ》は、1994年《ねん》の第76回大会《だいかいたいかい》・決勝《けっしょう》、佐賀県勢《さがけんぜい》として夏《なつ》の甲子園初優勝《こうしえんはつゆうしょう》をかざった佐賀商対樟南《さがしょうたいしょうなん》（鹿児島《かごしま》）の試合《しあい》で飛《と》びだしている。試合前《しあいまえ》の予想《よそう》は樟南有利《しょうなんゆうり》、というものだったが、4対《たい》4でむかえた9回《かい》、佐賀商《さがしょう》のキャプテン、西原正勝選手《にしはらまさかつせんしゅ》がレフトスタンドへ劇的《げきてき》な決勝満塁《けっしょうまんるい》ホームラン。8対《たい》4で樟南《しょうなん》をくだし、佐賀県勢初優勝《さがけんぜいはつゆうしょう》をかざった。そして2本目《ほんめ》が、佐賀北《さがきた》の副島選手《そえじませんしゅ》が打《う》ったもの。佐賀県勢《さがけんぜい》の優勝《ゆうしょう》はこの2回《かい》だけ。奇跡《きせき》の満塁弾《まんるいだん》が佐賀《さが》に栄冠《えいかん》をもたらしたのだ。

その後《ご》の球児《きゅうじ》たち

1球《きゅう》のこわさを知《し》って、日本《にほん》を代表《だいひょう》する選手《せんしゅ》になった男《おとこ》たち

この試合《しあい》、広陵目線《こうりょうめせん》で見《み》れば「悲劇《ひげき》の物語《ものがたり》」だ。とくに、納得《なっとく》のいかない判定《はんてい》でフォアボールを許《ゆる》し、そこから逆転《ぎゃくてん》ホームランを打《う》たれた野村投手《のむらとうしゅ》と小林選手《こばやしせんしゅ》の広陵《こうりょう》バッテリーにとっては、ただただくやしい結果《けっか》になった。だが、そのことでふたりは「1球《きゅう》のこわさ」を知《し》り、その後《ご》のさらなる成長《せいちょう》へとつなげたという。野村投手《のむらとうしゅ》はいま、広島《ひろしま》カープのエースとして最多勝投手《さいたしょうとうしゅ》になり、チーム優勝《ゆうしょう》の原動力《げんどうりょく》に。小林選手《こばやしせんしゅ》も巨人《きょじん》の正捕手《せいほしゅ》になり、日本代表《にほんだいひょう》「侍《さむらい》ジャパン」でも正捕手《せいほしゅ》として活躍《かつやく》する選手《せんしゅ》にまでのぼりつめたのだ。

一方《いっぽう》、勝《か》った佐賀北《さがきた》からプロ野球《やきゅう》にすすんだ選手《せんしゅ》はいない。だが、エース久保投手《くぼとうしゅ》は監督《かんとく》として佐賀北野球部《さがきたやきゅうぶ》に復帰《ふっき》。今度《こんど》は指導者《しどうしゃ》として甲子園《こうしえん》をめざす旅《たび》をはじめている。

2006年夏

甲子園史《こうしえんし》にかがやく決勝《けっしょう》・引《ひ》き分《わ》け再試合《さいしあい》

早稲田実《わせだじつ》(西東京《にしとうきょう》)×駒大苫小牧《こまだいとまこまい》(南北海道《みなみほっかいどう》)

夏《なつ》3連覇《れんぱ》をねらう世代最強《せだいさいきょう》エース・田中将大《たなかまさひろ》（駒大苫小牧《こまだいとまこまい》）と抜群《ばつぐん》のスタミナで勝《か》ちあがってきた名門校《めいもんこう》のエース・斎藤佑樹《さいとうゆうき》（早稲田実《わせだじつ》）。ふたりが激突《げきとつ》した決勝戦《けっしょうせん》は1試合《しあい》では決着《けっちゃく》がつかず……

夏《なつ》3連覇《れんぱ》か、悲願《ひがん》の初優勝《はつゆうしょう》か

高校野球《こうこうやきゅう》の１００年《ねん》の歴史《れきし》において、全国優勝《ぜんこくゆうしょう》をかけた決勝戦《けっしょうせん》での「引《ひ》き分《わ》け再試合《さいしあい》」は過去《かこ》にたった2度《ど》しかない。1度目《どめ》は１９６９年《ねん》、第《だい》51回夏《かいなつ》の甲子園《こうしえん》・決勝《けっしょう》、松山商《まつやましょう》（愛媛《えひめ》）と三沢《みさわ》（青森《あおもり》）の一戦《いっせん》（延長《えんちょう》18回《かい》で０対《たい》０）。そしてもうひとつが２００６年《ねん》、第《だい》88回夏《かいなつ》の甲子園《こうしえん》・決勝《けっしょう》、駒大苫小牧《こまだいとまこまい》（南北海道《みなみほっかいどう》）と早稲田実《わせだじつ》（西東京《にしとうきょう》）との試合《しあい》だ。史上《しじょう》2校目《こうめ》の「夏《なつ》3連覇《れんぱ》」がかかった駒大苫小牧《こまだいとまこまい》のエース、田中将大投手《たなかまさひろとうしゅ》（現《げん》・ヤンキース）と、27回目《かいめ》の出場《しゅつじょう》で初優勝《はつゆうしょう》をめざした早稲田実《わせだじつ》のエース、斎藤佑樹投手《さいとうゆうきとうしゅ》（現《げん》・日本《にっぽん》ハム）、両《りょう》エースによる壮絶《そうぜつ》な投手戦《とうしゅせん》がくりひろげられた。

世代最強《せだいさいきょう》エース・田中《たなか》VS《ブイエス》無尽蔵《むじんぞう》のスタミナ・斎藤《さいとう》

田中投手《たなかとうしゅ》といえば、1年前《ねんまえ》の２００５年夏《ねんなつ》、第《だい》87回大会《かいたいかい》の決勝《けっしょう》でもマウンドに立《た》ち、１５０キロのストレートと「消《き》える魔球《まきゅう》」とも呼《よ》ばれたスライダーを武器《ぶき》に優勝投手《ゆうしょうとうしゅ》となって「世代最強《せだいさいきょう》エース」と呼《よ》ばれた存在《そんざい》。一方《いっぽう》の斎藤投手《さいとうとうしゅ》は、この大会《たいかい》でもっとも成長《せいちょう》した投手《とうしゅ》、と呼《よ》ばれていた。1回戦《かいせん》から準決勝《じゅんけっしょう》まで5試合《しあい》をほぼひとりで投《な》げぬき、うばった三振《さんしん》の数《かず》は49個《こ》。通常《つうじょう》、大会《たいかい》がすすむにつれて選手《せんしゅ》の体重《たいじゅう》はおちていくものだが、斎藤投手《さいとうとうしゅ》は逆《ぎゃく》に大会期間中《たいかいきかんちゅう》に2キロアップ。投《な》げることで筋肉《きんにく》がつき、球速《きゅうそく》もましていたのだ。

むかえた運命《うんめい》の決勝戦《けっしょうせん》は、先発《せんぱつ》の斎藤投手《さいとうとうしゅ》と3回途中《かいとちゅう》から登板《とうばん》した田中投手《たなかとうしゅ》、両《りょう》エースが期待《きたい》どおりの好投《こうとう》を見《み》せ、1対《たい》1のまま延長《えんちょう》へ。斎藤投手《さいとうとうしゅ》にとって最大《さいだい》のピンチは11回《かい》、1《ワン》アウト満塁《まんるい》の場面《ばめん》。だが、斎藤投手《さいとうとうしゅ》にはピンチでこそたよりになる「相棒《あいぼう》」がいた。それは、ポケットにしのばせていた青《あお》いハンカチ。この大会《たいかい》では、ピンチをむかえてもハンカチで汗《あせ》をぬぐい、ひと呼吸《こきゅう》おくことで冷静《れいせい》さをとりもどす斎藤投手《さいとうとうしゅ》は、おなじみの光景《こうけい》。いつしか「ハンカチ王子《おうじ》」の呼《よ》び名《な》ができたほどだった。そしてこの場面《ばめん》でも斎藤投手《さいとうとうしゅ》は冷静《れいせい》にスクイズを見《み》やぶり、わざとワンバウンドになるボール球《だま》を投《な》げて空振《からぶ》り。スクイズをみごとに封《ふう》じてみせたのだ。

けっきょく、試合《しあい》は延長《えんちょう》15回《かい》、1対《たい》1の引《ひ》き分《わ》け。決着《けっちゃく》は翌日《よくじつ》の再試合《さいしあい》に持《も》ちこされた。斎藤投手《さいとうとうしゅ》はこの日《ひ》、１７８球完投《きゅうかんとう》。そのなかでもっとも速《はや》い球《たま》は延長《えんちょう》15回表《かいおもて》、さいごの打者《だしゃ》に投《な》げた１４７キロ。スタミナモンスターぶりは、決勝《けっしょう》でもかわらなかった。

948球目《きゅうめ》のストレート

翌日《よくじつ》の決勝再試合《けっしょうさいしあい》。前日以上《ぜんじついじょう》に大注目《だいちゅうもく》の一《いっ》戦《せん》だったが、事前予想《じぜんよそう》では駒大苫小牧《こまだいとまこまい》が有利《ゆうり》、という声《こえ》がほとんど。なぜなら、斎藤投手《さいとうとうしゅ》はこの日《ひ》で4日連続登板《かれんぞくとうばん》で、大会通算《たいかいつうさん》では7試《し》合目《あいめ》。さすがのスタミナモンスターも限界《げんかい》は近《ちか》いはず。一方《いっぽう》の田中投手《たなかとうしゅ》は大会《たいかい》6試合目《しあいめ》。斎藤投手《さいとうとうしゅ》より球数《たまかず》もぐっと少《すく》なく、ひかえ投《とう》手《しゅ》も充実《じゅうじつ》していたからだ。

もっとも、斎藤投手本人《さいとうとうしゅほんにん》は、まわりのそんな声《こえ》にもどこ吹《ふ》く風《かぜ》。むしろ、朝起《あさお》きてみて自分《じぶん》の体《からだ》の軽《かる》さにおどろいたほど。実際《じっさい》に試《し》合《あい》がはじまると、斎藤投手《さいとうとうしゅ》の球《たま》はこれまで同《どう》

	一	二	三	四	五	六	七	八	九	十
駒大苫小牧	0	0	0	0	0	0	0	1	0	0
早稲田実	0	0	0	0	0	0	0	1	0	0

	十一	十二	十三	十四	十五	計
駒大苫小牧	0	0	0	0	0	1
早稲田実	0	0	0	0	0	1

再試合

	一	二	三	四	五	六	七	八	九	計
駒大苫小牧	0	0	0	0	0	1	0	0	2	3
早稲田実	1	1	0	0	0	1	1	0	X	4

様《よう》、投《な》げるたびにスピードとキレをまし、駒《こま》大苫小牧打線《だいとまこまいだせん》を寄《よ》せつけなかった。

試合《しあい》は8回《かい》を終《お》わって4対《たい》1と早稲田実《わせだじつ》がリード。だが、悲願《ひがん》の夏《なつ》3連覇《れんぱ》をめざす駒大《こまだい》苫小牧《とまこまい》も意地《いじ》を見《み》せ、9回表《かいおもて》、3番打者《ばんだしゃ》が2《ツー》ランホームランを打《う》って1点差《てんさ》にせまった。だが、ピンチのときこそハンカチ斎藤《さいとう》。つづく4番《ばん》、5番《ばん》を打《う》ちとって2《ツー》アウト。優勝《ゆうしょう》まであとひとりとして、むかえた打者《だしゃ》は田中投《たなかとう》手《しゅ》。1《ワン》ボール2《ツー》ストライクと追《お》いこんでからの、この日《ひ》118球目《きゅうめ》、この大会《たいかい》948球目《きゅうめ》の魂《たましい》のストレートは、田中投手《たなかとうしゅ》のバットをくぐりぬけてミットにズドン。早稲田実《わせだじつ》が夏《なつ》27回目《かいめ》の出場《しゅつじょう》で、ついにつかんだ初優勝《はつゆうしょう》だった。

伝《でん》説《せつ》こぼれ話《ばなし》

伝説《でんせつ》の試合《しあい》を目撃《もくげき》した伝説《でんせつ》の球児《きゅうじ》

決勝再試合《けっしょうさいしあい》という伝説《でんせつ》の試合《しあい》を、甲子園《こうしえん》のスタンドで見《み》ていた野球少年《やきゅうしょうねん》がいる。当時小《とうじしょう》学《がく》1年生《ねんせい》だった清宮幸太郎選手《きよみやこうたろうせんしゅ》（現《げん》・日本《にっぽん》ハム）だ。父親《ちちおや》が早稲田大学《わせだだいがく》ラグビー部《ぶ》のスター選手《せんしゅ》だった縁《えん》もあり、この試合《しあい》を早稲田《わせだ》サイドから応援《おうえん》した清宮少年《きよみやしょうねん》は、「野球《やきゅう》ってすごい」と、野球《やきゅう》のすばらしさに素直《すなお》に感動《かんどう》したという。

それから9年後《ねんご》、高校《こうこう》1年生《ねんせい》になった清宮《きよみや》選手《せんしゅ》は、あこがれの早稲田実《わせだじつ》のユニフォームを着《き》て甲子園球場《こうしえんきゅうじょう》に帰《かえ》ってきた。そして、1年生《ねんせい》では史上初《しじょうはつ》の2試合連続《しあいれんぞく》ホームランを打《う》つなど大活躍《だいかつやく》。スーパー1年生《ねんせい》の誕生《たんじょう》に、誰《だれ》もが「清宮《きよみや》ってすごい」と感動《かんどう》したのだ。

その後《ご》の球《きゅう》児《じ》たち

かがやきをましつづける男《おとこ》。ふたたびかがやいてほしい男《おとこ》

田中将大《たなかまさひろ》と斎藤佑樹《さいとうゆうき》。ふたりのスター選手《せんしゅ》のその後《ご》の活躍《かつやく》はあまりにも対照的《たいしょうてき》だ。高校《こうこう》を卒業《そつぎょう》し、直接《ちょくせつ》プロ野球《やきゅう》の楽天《らくてん》にすすんだ田中投手《たなかとうしゅ》は、1年目《ねんめ》から新人王《しんじんおう》の活躍《かつやく》ぶり。2013年《ねん》には24勝《しょう》0敗《はい》という前人未到《ぜんじんみとう》の大記録《だいきろく》で、楽天《らくてん》を日本一《にほんいち》に導《みちび》いた。現在《げんざい》は、メジャーリーグの名門球団《めいもんきゅうだん》、ニューヨーク・ヤンキースで大活躍《だいかつやく》。かがやきはますばかりだ。

一方《いっぽう》の斎藤投手《さいとうとうしゅ》は卒業後《そつぎょうご》、早稲田大学《わせだだいがく》に進学《しんがく》。史上《しじょう》6人目《にんめ》の30勝《しょう》300奪三振《だつさんしん》という偉《い》業《ぎょう》を成《な》しとげ、大学日本一《だいがくにほんいち》も達成《たっせい》した。ただ、その後《ご》にすすんだプロ野球《やきゅう》の日本《にっぽん》ハムでは、期待《きたい》されながらもめだった活躍《かつやく》をのこせていない。だが、多《おお》くの野球《やきゅう》ファンは、あの夏《なつ》に見《み》た斎藤投手《さいとうとうしゅ》のかがやきをおぼえている。だからこそ、応援《おうえん》せずにはいられないのだ。

2006年夏

大逆転《だいぎゃくてん》につぐ大逆転《だいぎゃくてん》。甲子園《こうしえん》で一番《いちばん》壮絶《そうぜつ》な打撃戦《だげきせん》

智弁和歌山《ちべんわかやま》（和歌山《わかやま》）×帝京《ていきょう》（東東京《ひがしとうきょう》）

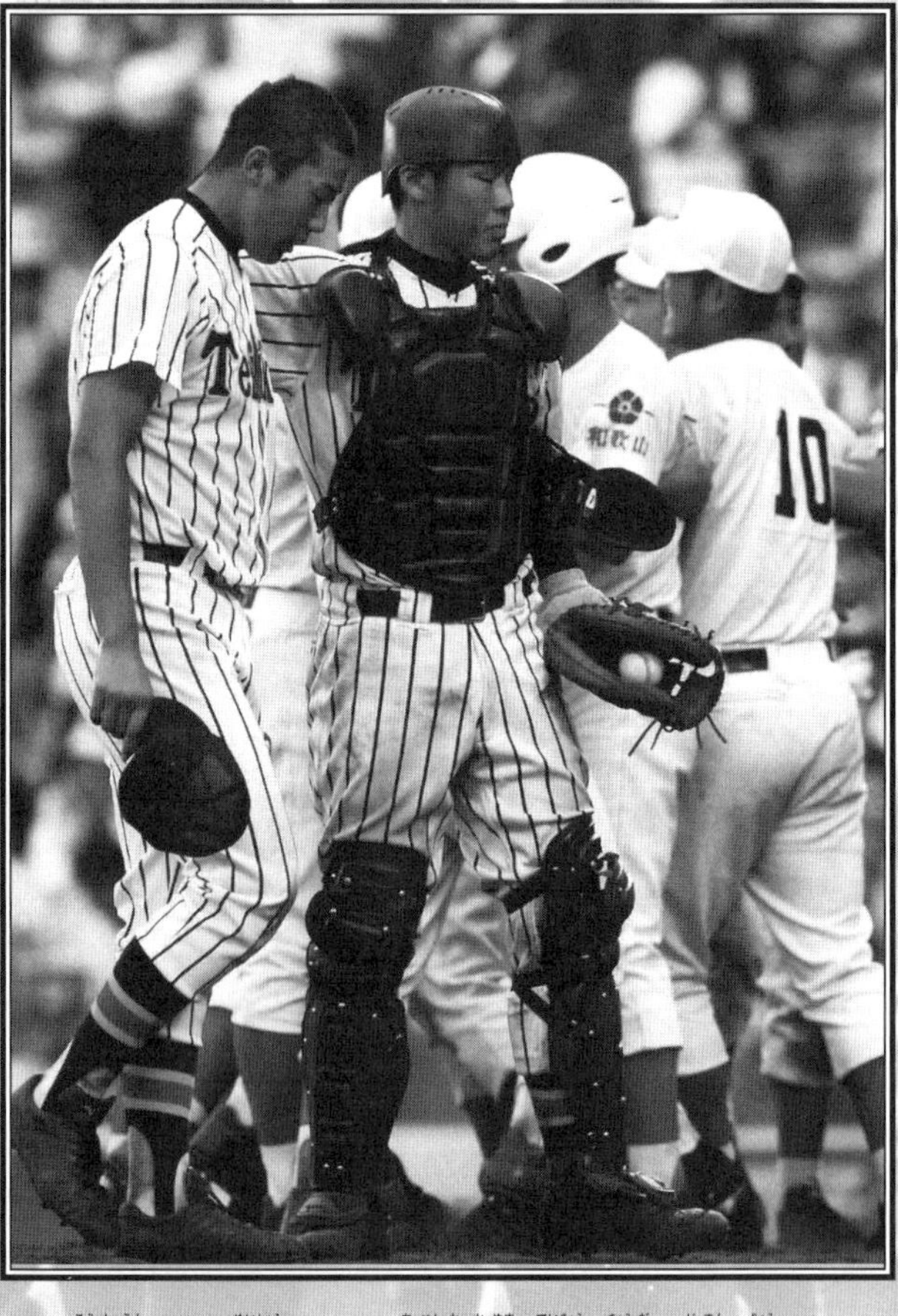

甲子園《こうしえん》きっての名将《めいしょう》がひきいる智弁和歌山《ちべんわかやま》と帝京《ていきょう》。強打《きょうだ》が自慢《じまん》の両《りょう》チームの勝負《しょうぶ》はとんでもない展開《てんかい》に。９回表《かいおもて》に執念《しゅうねん》の大逆転劇《だいぎゃくてんげき》を見《み》せた帝京《ていきょう》だったが、なんと投手《とうしゅ》を使《つか》いはたしてしまった……

甲子園《こうしえん》歴代《れきだい》1位《い》VS《ブイエス》歴代《れきだい》3位《い》の名将《めいしょう》対決《たいけつ》

高校野球《こうこうやきゅう》の主役《しゅやく》はもちろん選手《せんしゅ》たち。だが、じつはもうひとり、ドラマを演《えん》じる重要《じゅうよう》なキャラクターがいる。ベンチで見守《みまも》る監督《かんとく》の存在《そんざい》だ。球児《きゅうじ》たちはどんなに長《なが》くても3年間《ねんかん》で野球部《やきゅうぶ》を引退《いんたい》して巣立《すだ》っていくわけだが、監督《かんとく》はいれかわることなく甲子園《こうしえん》を何度《なんど》もめざしつづけることが可能《かのう》だ。そのため、全国《ぜんこく》には毎年《まいとし》のように甲子園《こうしえん》に登場《とうじょう》する、「名将《めいしょう》」と呼《よ》ばれる存在《そんざい》が何人《なんにん》かいる。

その代表格《だいひょうかく》が、甲子園通算勝利数歴代《こうしえんつうさんしょうりすうれきだい》1位《い》の68勝《しょう》をほこる智弁和歌山《ちべんわかやま》（和歌山《わかやま》）・高嶋仁監督《たかしまひとしかんとく》と、同《おな》じく3位《い》タイの51勝《しょう》、帝京《ていきょう》（東東京《ひがしとうきょう》）の前田三夫監督《まえだみつおかんとく》だ。ともに、優勝回数《ゆうしょうかいすう》は春《はる》1回《かい》、夏《なつ》2回《かい》の3回《かい》ずつ。甲子園《こうしえん》で勝《か》つ方法《ほうほう》、甲子園《こうしえん》で勝《か》つことのむずかしさを誰《だれ》よりも知《し》っている存在《そんざい》ともいえる。そんなふたりの名将《めいしょう》が甲子園《こうしえん》の大舞台《おおぶたい》で直接対決《ちょくせつたいけつ》したのが、２００６年《ねん》8月《がつ》17日《にち》、第《だい》88回夏《かいなつ》の甲子園《こうしえん》・準々決勝《じゅんじゅんけっしょう》。のちに、「甲子園史上《こうしえんしじょう》もっとも壮絶《そうぜつ》な戦《たたか》い」と呼《よ》ばれるほどの死闘《しとう》がくりひろげられたのだ。

ホームラン合戦《がっせん》に沸《わ》く甲子園《こうしえん》

試合序盤《しあいじょばん》は、完全《かんぜん》に智弁和歌山《ちべんわかやま》ペース。7番《ばん》の馬場一平選手《ばばいっぺいせんしゅ》が2打席連続《だせきれんぞく》ホームランを打《う》ち、7回《かい》を終《お》えて8対《たい》2と6点《てん》のリードをうばっていた。

だが、帝京《ていきょう》も8回表《かいおもて》に5番《ばん》の塩沢佑太選手《しおざわゆうたせんしゅ》が2《ツー》ランホームランを打《う》ち、8対《たい》4と4点差《てんさ》に。強打《きょうだ》が自慢《じまん》の両《りょう》チームだけあって、8回終了時点《かいしゅうりょうじてん》で両《りょう》チームあわせて5本《ほん》ものホームランが乱《みだ》れ飛《と》ぶ展開《てんかい》に沸《わ》く甲子園《こうしえん》。そして、ゲームは運命《うんめい》の最終回《さいしゅうかい》へと突入《とつにゅう》する。

9回表《かいおもて》、4点《てん》を追《お》いかける帝京《ていきょう》

9回表《かいおもて》、8対《たい》4と4点《てん》を追《お》いかける帝京《ていきょう》。この回先頭《かいせんとう》の代打《だいだ》、沼田隼選手《ぬまたはやとせんしゅ》は凡退《ぼんたい》してしまうが、その後《ご》、2《ツー》アウトながらランナー一、二塁《るい》とチャンスをつかむと、4番《ばん》の中村晃選手《なかむらあきらせんしゅ》（現《げん》・ソフトバンク）から5者連続《しゃれんぞく》ヒットで5点《てん》をうばい、一気《いっき》に逆転《ぎゃくてん》。なおもランナーをふたりおいて、ふたたび打席《だせき》がまわってきた沼田選手《ぬまたせんしゅ》がレフトスタンドへ3《スリー》ランホームラン。結果的《けっかてき》に名将《めいしょう》の代打策《だいださく》がハマる形《かたち》になって、この回一挙《かいいっきょ》8得点《とくてん》。4点《てん》を追《お》う立場《たちば》だった帝京《ていきょう》が、8対《たい》12と逆《ぎゃく》に4点《てん》のリードに成功《せいこう》したのだ。

智弁和歌山《ちべんわかやま》の高嶋監督《たかしまかんとく》は、ここでようやく投手交代《とうしゅこうたい》。かわってマウンドに立《た》った松本利樹投手《まつもととしきとうしゅ》がわずか1球《きゅう》でつぎの打者《だしゃ》を仕留《しと》め、ようやく長《なが》い長《なが》い帝京《ていきょう》の9回表《かいおもて》の攻撃《こうげき》が終《お》わった。

9回裏《かいうら》、4点《てん》を追《お》いかける智弁和歌山《ちべんわかやま》

まさかの大逆転劇《だいぎゃくてんげき》を演《えん》じた帝京《ていきょう》だったが、じつはこの逆転劇《ぎゃくてんげき》を成功《せいこう》させるため、ある犠牲《ぎせい》が必要《ひつよう》だった。投手《とうしゅ》の打順《だじゅん》で代打《だいだ》の沼田選手《ぬまたせんしゅ》を起用《きよう》したため、9回裏《かいうら》をまかせられる投手《とうしゅ》がいなくなってしまったのだ。前田監督《まえだかんとく》は急《きゅう》きょ、センターの選手《せんしゅ》をマウンドへ送《おく》ったが、制球《せいきゅう》が定《さだ》まらずフォアボールとデッドボールを連発《れんぱつ》。さらに智弁和歌山《ちべんわかやま》の4番《ばん》、橋本良平選手《はしもとりょうへいせんしゅ》（元《もと》・阪神《はんしん》）に3《スリー》ランを打《う》たれ、1点差《てんさ》につめよられてしまう。

なおもつづくピンチで前田監督《まえだかんとく》がつぎにマウンドへ送《おく》ったのが、

	一	二	三	四	五	六	七	八	九	計
帝京	0	0	0	2	0	0	0	2	8	12
智弁和歌山	0	3	0	3	0	0	2	0	5X	13

1年生《ねんせい》ながらレギュラーショートとしてプレーしていた杉谷拳士選手《すぎやけんしせんしゅ》（現《げん》・日本《にっぽん》ハム）。ところが、杉谷選手《すぎやせんしゅ》は初球《しょきゅう》でいきなりデッドボールを与《あた》えてしまい、1球《きゅう》で降板《こうばん》。その後《ご》、智弁和歌山《ちべんわかやま》・高嶋監督《たかしまかんとく》の代打策《だいださく》が見事《みごと》にハマって、試合《しあい》はついに12対《たい》12の同点《どうてん》に。さいごは1《ワン》アウト満塁《まんるい》から智弁和歌山《ちべんわかやま》が押《お》し出《だ》しフォアボールを選《えら》び、サヨナラ勝《が》ち。13対《たい》12という激闘《げきとう》にようやく終止符《しゅうしふ》が打《う》たれたのだった。

　前田監督《まえだかんとく》はこのとき、57歳《さい》。高嶋監督《たかしまかんとく》は60歳《さい》。経験《けいけん》がなせる積極的《せっきょくてき》な選手起用《せんしゅきよう》と、年齢《ねんれい》を感《かん》じさせないアグレッシブな指導《しどう》が、誰《だれ》も予想《よそう》できない名勝負《めいしょうぶ》を生《う》みだしたのだ。

伝説《でんせつ》こぼれ話《ばなし》

“1球勝利《きゅうしょうり》”と“1球敗戦《きゅうはいせん》”

これだけの大打撃戦《だいだげきせん》となっただけに、この1試合《しあい》でさまざまな大会記録《たいかいきろく》が生《う》まれた。智弁和歌山《ちべんわかやま》の9回裏《かいうら》4点差《てんさ》からの逆転《ぎゃくてん》サヨナラ劇《げき》は史上初《しじょうはつ》。さらに両《りょう》チームあわせて1試合《しあい》7本塁打《ほんるいだ》（智弁和歌山《ちべんわかやま》＝5本《ほん》、帝京《ていきょう》＝2本《ほん》）、智弁和歌山《ちべんわかやま》のチーム1試合《しあい》5本塁打《ほんるいだ》はともに大会最多記録《たいかいさいたきろく》となった。また、珍記録《ちんきろく》としては、1球勝利投手《きゅうしょうりとうしゅ》と1球敗戦投手《きゅうはいせんとうしゅ》が同時《どうじ》に誕生《たんじょう》。勝利投手《しょうりとうしゅ》は、9回表2《かいおもてツー》アウトから登板《とうばん》し、1球《きゅう》だけ投《な》げて打《う》ちとった智弁和歌山《ちべんわかやま》の松本利樹選手《まつもととしきせんしゅ》。負《ま》け投手《とうしゅ》は、9回裏《かいうら》に登板《とうばん》し、初球《しょきゅう》デッドボールでサヨナラのランナーをだしてしまった帝京《ていきょう》の杉谷拳士選手《すぎやけんしせんしゅ》だった。

プロでも通用《つうよう》した〝ユーティリティ〟と〝勝負強《しょうぶづよ》さ〟

この試合《しあい》で「1球敗戦投手《きゅうはいせんとうしゅ》」という珍記録《ちんきろく》をつくった帝京《ていきょう》の杉谷選手《すぎやせんしゅ》は、高校卒業後《こうこうそつぎょうご》、プロ野球《やきゅう》の日本《にっぽん》ハムに入団《にゅうだん》。いまでは、内野《ないや》も外野《がいや》も守《まも》れて、左《ひだり》でも右《みぎ》でも打《う》てる「ユーティリティ（とても役《やく》にたつ）選手《せんしゅ》」としてチームにかかせない存在《そんざい》に。前田監督《まえだかんとく》はこの「器用《きよう》さ」を見《み》ぬいて、投手《とうしゅ》に起用《きよう》したのかもしれない。また、帝京《ていきょう》の4番《ばん》だった中村選手《なかむらせんしゅ》も、高校卒業後《こうこうそつぎょうご》にソフトバンクに入団《にゅうだん》。高校時代《こうこうじだい》と同《おな》じように、勝負強《しょうぶづよ》いバッティングでソフトバンクでもたしかな存在感《そんざいかん》を発揮《はっき》。プロの世界《せかい》でも「帝京魂《ていきょうだましい》」は健在《けんざい》だ。

そして、名将《めいしょう》ふたり、高嶋監督《たかしまかんとく》と前田監督《まえだかんとく》は10年以上《ねんいじょう》たったいまも高校野球《こうこうやきゅう》の最前線《さいぜんせん》で活躍《かつやく》。高嶋監督《たかしまかんとく》は71歳《さい》でむかえた2018年春《ねんはる》のセンバツで準優勝《じゅんゆうしょう》。まだまだ元気《げんき》だ！

1998年夏

因縁《いんねん》のライバル対決《たいけつ》は春《はる》につづき夏《なつ》も死闘《しとう》に！

横浜《よこはま》（東神奈川《ひがしかながわ》）×PL《ピーエル》学園《がくえん》（南大阪《みなみおおさか》）

死闘《しとう》ふたたび。センバツ大会《たいかい》で「平成《へいせい》の怪物《かいぶつ》」松坂大輔《まつざかだいすけ》（横浜《よこはま》）をもっとも苦《くる》しめたPL《ピーエル》学園《がくえん》。夏《なつ》は松坂《まつざか》を攻《せ》めたてるも、春夏連覇《はるなつれんぱ》をねらう横《よこ》浜《はま》もゆずらず。試合《しあい》ははてしない延長戦《えんちょうせん》に突入《とつにゅう》した

センバツからの因縁《いんねん》、横浜《よこはま》対《たい》PL《ピーエル》学園《がくえん》

甲子園史《こうしえんし》にのこる、伝説《でんせつ》の死闘《しとう》——。そう語《かた》りつがれる試合《しあい》がある。1998年《ねん》8月《がつ》20日《か》、第《だい》80回夏《かいなつ》の甲子園大会《こうしえんたいかい》・準々決勝《じゅんじゅんけっしょう》、横浜《よこはま》(東神奈川《ひがしかながわ》)とPL学園《ピーエルがくえん》(南大阪《みなみおおさか》)の一戦《いっせん》だ。

じつはこの両《りょう》チームは同《おな》じ年《とし》のセンバツでも対戦《たいせん》。PL学園《ピーエルがくえん》が7回《かい》まで2点《てん》をリードしながら、8回《かい》、9回《かい》の攻撃《こうげき》で横浜《よこはま》が3対《たい》2と逆転勝利《ぎゃくてんしょうり》をおさめていた。ただ、大会《たいかい》が終《お》わってみれば、優勝《ゆうしょう》した横浜《よこはま》が唯一苦《ゆいいつくる》しんだのがこのPL学園戦《ピーエルがくえんせん》。センバツ後《ご》も負《ま》け知《し》らずの王者《おうじゃ》・横浜《よこはま》に黒星《くろぼし》がつくとしたら、その相手《あいて》はPL学園《ピーエルがくえん》なのでは……? ファンもそのことがわかっていたからこそ、甲子園球場《こうしえんきゅうじょう》には朝早《あさはや》くから大勢《おおぜい》の観客《かんきゃく》がつめかけていた。

スーパーエース松坂《まつざか》を攻略《こうりゃく》した、PL《ピーエル》の〝観察力《かんさつりょく》〟

横浜《よこはま》の先発《せんぱつ》は、絶対的《ぜったいてき》エースの松坂大輔《まつざかだいすけ》投手《とうしゅ》(現《げん》・中日《ちゅうにち》)。150キロを超《こ》える剛速球《ごうそっきゅう》とするどくまがるスライダーを武器《ぶき》に、ここまで3試合《しあい》すべてで完投勝利《かんとうしょうり》と危《あぶ》なげないピッチングを見《み》せていた。

ところが、PL《ピーエル》学園《がくえん》戦《せん》ではそんなスーパーエースが打《う》ちこまれてしまう。2回裏《かいうら》に4本《ほん》のヒットを打《う》たれて3失点《しってん》。松坂投手《まつざかとうしゅ》が1イニングに2点《てん》以上《いじょう》とられたのは、この大会《たいかい》でははじめてのこと。予想外《よそうがい》の大量失点《たいりょうしってん》に動揺《どうよう》する横浜《よこはま》ナインに対《たい》して、PL《ピーエル》学園《がくえん》は4回裏《かいうら》と7回裏《かいうら》にも1点《てん》ずつを追加《ついか》。試合《しあい》を有利《ゆうり》にすすめた。

どの高校《こうこう》も打《う》ちくずすことができなかった松坂投手《まつざかとうしゅ》を、なぜPL《ピーエル》打線《だせん》は攻略《こうりゃく》することができたのか？　それは、PL《ピーエル》学園《がくえん》の「観察力《かんさつりょく》」によるものだった。松坂投手《まつざかとうしゅ》のスライダーがあまりにまがりすぎるため、受《う》けるキャッチャーの小山良男選手《こやまよしおせんしゅ》（元《もと》・中日《ちゅうにち》）のかまえがストレートとスライダーとでほんの少《すこ》しだけちがうことを発見《はっけん》。この観察力《かんさつりょく》でねらい球《だま》をしぼることができ、松坂投手《まつざかとうしゅ》の球《たま》を打《う》つことができたのだ。

延長《えんちょう》17回《かい》、250球《きゅう》を投《な》げぬいた男《おとこ》

だが、センバツ王者《おうじゃ》、横浜《よこはま》はあきらめない。4回表《かいおもて》に小山選手《こやませんしゅ》が2《ツー》ランを打《う》つと、5回表《かいおもて》にも2点《てん》をあげ、同点《どうてん》に。その後《ご》、またリードされても、7回《かい》からリリーフ登板《とうばん》したPL《ピーエル》学園《がくえん》の上重聡投手《かみしげさとしとうしゅ》から1点《てん》をあげ、ふたたび同点《どうてん》。試合《しあい》は5対《たい》5で延長戦《えんちょうせん》に突入《とつにゅう》した。

延長戦《えんちょうせん》からは横浜《よこはま》のペースで試合《しあい》がすすんだ。延長《えんちょう》11回《かい》、延長《えんちょう》16回《かい》と横浜《よこはま》がさきに得点《とくてん》をあげたが、その裏《うら》の攻撃《こうげき》でP《ピー》L《エル》学園《がくえん》もすぐに点《てん》をうばいかえし、試合《しあい》はなかなか終《お》わらなかった。松坂投手《まつざかとうしゅ》は無尽蔵《むじんぞう》のスタミナでP《ピー》L《エル》打線《だせん》の連打《れんだ》を許《ゆる》さず、一方《いっぽう》のP《ピー》L《エル》学園《がくえん》、上《かみ》重投手《しげとうしゅ》も必死《ひっし》で横浜打線《よこはまだせん》をおさえていた。

だが、延長《えんちょう》17回表《かいおもて》に横浜《よこはま》がついに2点《てん》を勝《か》ちこし。その裏《うら》を松坂投手《まつざかとうしゅ》が3者凡退《しゃぼんたい》にしとめ、9対《たい》7で横浜《よこはま》が勝利《しょうり》をつかみとった。

ゲームセットまでにかかった時間《じかん》は3時間《じかん》37分《ふん》。延長《えんちょう》17回《かい》をひとりで投《な》げきった松坂投《まつざかとう》手《しゅ》が投《な》げた球数《たまかず》は、通常《つうじょう》の試合《しあい》の倍近《ばいちか》い250球《きゅう》にもおよんだ。

	一	二	三	四	五	六	七	八	九	十
横浜	0	0	0	2	2	0	0	1	0	0
PL学園	0	3	0	1	0	0	1	0	0	0

	十一	十二	十三	十四	十五	十六	十七	計
横浜	1	0	0	0	0	1	2	9
PL学園	1	0	0	0	0	1	0	7

「平成《へいせい》の怪物《かいぶつ》」松坂大輔《まつざかだいすけ》の誕生《たんじょう》

250球《きゅう》も投《な》げた松坂投手《まつざかとうしゅ》は、翌日《よくじつ》の準決勝《じゅんけっしょう》、明徳義塾《めいとくぎじゅく》（高知《こうち》）戦《せん》では投《な》げない予定《よてい》だった。だが、4対《たい》6で負《ま》けていた9回表《かいおもて》、ファンからの「マツザカ」コールのなか、マウンドへ。無失点《むしってん》できりぬけて流《なが》れを変《か》え、奇跡的《きせきてき》な逆転勝利《ぎゃくてんしょうり》を呼《よ》びよせた。

そして、決勝《けっしょう》の京都成章《きょうとせいしょう》（京都《きょうと》）戦《せん》ではノーヒットノーランという快投《かいとう》で見事《みごと》に春夏《はるなつ》連覇《れんぱ》を達成《たっせい》。PL《ピーエル》学園《がくえん》との死闘《しとう》からつづいた3連投《れんとう》は松坂投手《まつざかとうしゅ》の名声《めいせい》をさらに高《たか》め、「平成《へいせい》の怪物《かいぶつ》」と呼《よ》ばれるようになったのだ。

伝説《でんせつ》こぼれ話《ばなし》

怪物《かいぶつ》をささえた男《おとこ》たち

松坂投手《まつざかとうしゅ》の活躍《かつやく》がすごすぎるあまり陰《かげ》に隠《かく》れがちだが、横浜高校《よこはまこうこう》には他《ほか》にもすぐれた選手《せんしゅ》が多《おお》かった。キャッチャーの小山選手以外《こやませんしゅいがい》にも、小池正晃選手《こいけまさあきせんしゅ》（元《もと》・DeNA《ディーエヌエー》）、後藤武敏選手《ごとうたけとしせんしゅ》（現《げん》・DeNA《ディーエヌエー》）と、のちにプロ野球《やきゅう》にすすむ才能《さいのう》が集結《しゅうけつ》。後藤選手《ごとうせんしゅ》は大会中《たいかいちゅう》に腰《こし》を疲労骨折《ひろうこっせつ》しながらも、さいごまでチームの主砲《しゅほう》として奮闘《ふんとう》した。松坂投手《まつざかとうしゅ》の帽子《ぼうし》のつばに書《か》かれていた言葉《ことば》は「one《ワン》 for all《フォーオール》（ひとりはみんなのために）」。まさに、全員野球《ぜんいんやきゅう》で勝《か》ちとった栄光《えいこう》だった。つい、松坂投手《まつざかとうしゅ》の名前《なまえ》ばかりがめだってしまうが、どんな怪物《かいぶつ》でも、たったひとりでは甲子園《こうしえん》で勝《か》ちつづけることはできないのだ。

その後《ご》の球児《きゅうじ》たち

プロでも怪物《かいぶつ》だった松坂投手《まつざかとうしゅ》と、彼《かれ》につづいた〝松坂世代《まつざかせだい》〟

「高校生《こうこうせい》のなかにひとりだけプロがいる」と評《ひょう》されるほど、別格《べっかく》の存在《そんざい》だった松坂投手《まつざかとうしゅ》。その怪物《かいぶつ》ぶりはプロにすすんでも健在《けんざい》だった。西武《せいぶ》に入団《にゅうだん》し、1年目《ねんめ》から3年連続《ねんれんぞく》で最多勝投手《さいたしょうとうしゅ》のタイトルを獲得《かくとく》。高校《こうこう》からプロにすすんだ選手《せんしゅ》では史上初《しじょうはつ》の快挙《かいきょ》だった。また、日本代表《にほんだいひょう》でも長年《ながねん》にわたってエースとして君臨《くんりん》。野球世界一決定戦《やきゅうせかいいちけっていせん》・WBC《ダブルビーシー》では2大会連続《たいかいれんぞく》で最優秀選手《さいゆうしゅうせんしゅ》となり、日本《にほん》の世界一連覇《せかいいちれんぱ》に貢献《こうけん》。メジャーリーグでも存在感《そんざいかん》を発揮《はっき》した。

そんな松坂投手《まつざかとうしゅ》に刺激《しげき》されるように、同級生《どうきゅうせい》の球児《きゅうじ》たちの多《おお》くがプロの世界《せかい》で活躍《かつやく》。プロにすすまなかった選手《せんしゅ》でも、PL《ピーエル》学園《がくえん》の上重投手《かみしげとうしゅ》は六大学野球《ろくだいがくやきゅう》で史上《しじょう》ふたり目《め》の完全試合《かんぜんじあい》を達成《たっせい》。彼《かれ》らは「松坂世代《まつざかせだい》」と呼《よ》ばれ、さまざまな分野《ぶんや》で活躍《かつやく》をつづけている。

1996年 夏

絶体絶命《ぜったいぜつめい》のピンチをすくった“奇跡《きせき》のバックホーム”

松山商《まつやましょう》（愛媛《えひめ》）×熊本工《くまもとこう》（熊本《くまもと》）

古豪同士《こごうどうし》が激突《げきとつ》した決勝戦《けっしょうせん》。運命《うんめい》を左右《さゆう》したのは甲子園名物《こうしえんめいぶつ》「浜風《はまかぜ》」だった!?　勝負《しょうぶ》をきめたはずの大飛球《だいひきゅう》はスタンドに届《とど》かず、暴投《ぼうとう》バックホームは風《かぜ》にのり、優勝《ゆうしょう》の扉《とびら》をひらく道《みち》を飛《と》んだ

浜風《はまかぜ》が運命《うんめい》を左右《さゆう》した甲子園《こうしえん》決勝戦《けっしょうせん》

甲子園球場名物《こうしえんきゅうじょうめいぶつ》「浜風《はまかぜ》」。ライト方向《ほうこう》からレフトや本塁方向《ほんるいほうこう》にむかって吹《ふ》く海風《うみかぜ》のことで、レフト方向《ほうこう》への打球《だきゅう》には追《お》い風《かぜ》となるが、ライト方向《ほうこう》への打球《だきゅう》にはむかい風《かぜ》となり、失速《しっそく》してしまうため、「甲子園《こうしえん》では左打者《ひだりだしゃ》が不利《ふり》だ」ともいわれている。ときには、「はいった！」と思《おも》った打球《だきゅう》が押《お》しもどされて平凡《へいぼん》なライトフライになってしまうなど、この浜風《はまかぜ》のご機嫌《きげん》で試合展開《しあいてんかい》がかわってしまうことも決《けっ》してめずらしくない。

甲子園決勝《こうしえんけっしょう》という優勝《ゆうしょう》がかかった大一番《おおいちばん》で、浜風《はまかぜ》が運命《うんめい》を左右《さゆう》したケースもある。1996年《ねん》8月《がつ》21日《にち》、第《だい》78回夏《かいなつ》の甲子園《こうしえん》・決勝《けっしょう》、松山商《まつやましょう》（愛媛《えひめ》）と熊本工《くまもとこう》（熊本《くまもと》）の一戦《いっせん》だ。この試合《しあい》の延長《えんちょう》10回裏《かいうら》、浜風《はまかぜ》によって生《う》まれた劇的《げきてき》なプレーは「奇跡《きせき》のバックホーム」と呼《よ》ばれ、甲子園《こうしえん》ファンの間《あいだ》でずっと語《かた》り継《つ》がれている。

25回目《かいめ》VS《ブイエス》14回目《かいめ》。古豪同士《こごうどうし》の決勝戦《けっしょうせん》

夏《なつ》の甲子園出場回数《こうしえんしゅつじょうかいすう》はこのとき25回目《かいめ》。春《はる》2度《ど》、夏《なつ》4度《ど》の優勝《ゆうしょう》をほこる松山商《まつやましょう》と、14回《かい》

目《め》の出場《しゅつじょう》で初優勝《はつゆうしょう》をめざす熊本工《くまもとこう》という古豪同士《こごうどうし》の対決《たいけつ》となった決勝戦《けっしょうせん》。試合序盤《しあいじょばん》を優位《ゆうい》にすすめたのは松山商《まつやましょう》。1回表《かいおもて》に3連続《れんぞく》ヒットと3連続《れんぞく》フォアボールで3点《てん》を先制《せんせい》する。

その後《ご》、2回裏《かいうら》と8回裏《かいうら》に熊本工《くまもとこう》に1点《てん》ずつかえされたものの、3対《たい》2と松山商《まつやましょう》1点《てん》リードでむかえた9回裏《かいうら》、2《ツー》アウトランナーなし。優勝《ゆうしょう》まであとアウトカウントひとつにせまった松山商《まつやましょう》に対《たい》し、追《お》いつめられた熊本工《くまもとこう》。だが、この場面《ばめん》で打席《だせき》に立《た》った1年生《ねんせい》バッターが、まさかの同点《どうてん》ホームラン。試合《しあい》は3対《たい》3で延長戦《えんちょうせん》へと突入《とつにゅう》した。

野球格言《やきゅうかくげん》「かわったところに打球《だきゅう》が飛《と》ぶ」

延長《えんちょう》10回裏《かいうら》。守《まも》る松山商《まつやましょう》は、熊本工《くまもとこう》の先頭打者《せんとうだしゃ》、8番《ばん》の星子崇《ほしこたかし》選手《せんしゅ》に2《ツー》ベースヒットを許《ゆる》すと、送《おく》りバントとフォアボールで1《ワン》アウト満塁《まんるい》。ヒットはもちろん、エラーでも押《お》し出《だ》しでも、そして犠牲《ぎせい》フライでもサヨナラ負《ま》けとなってしまう大《だい》ピンチをむかえた。

この緊迫《きんぱく》した場面《ばめん》で松山商《まつやましょう》の監督《かんとく》がとった作戦《さくせん》は、ライトの守備《しゅび》をかえること。チーム一《いち》の強肩《きょうけん》、矢野勝嗣《やのまさつぐ》選手《せんしゅ》がライトの守備位置《しゅびいち》へ。野球《やきゅう》の世界《せかい》には「かわったところに打球《だきゅう》が飛《と》ぶ」という格言《かくげん》があるが、まさにその格言《かくげん》どおり、プレー再開後《さいかいご》、打球《だきゅう》は矢野選手《やのせんしゅ》のいるライト方向《ほうこう》へとむかって飛《と》んでいった。

浜風《はまかぜ》が生《う》んだ〝奇跡《きせき》のバックホーム〟

打《う》たれた瞬間《しゅんかん》、松山商《まつやましょう》ベンチは「ホームランだ」と覚悟《かくご》し、テレビの実況《じっきょう》アナウンサーも「いったー！　これは文句《もんく》なし！」と叫《さけ》んだほどの大飛球《だいひきゅう》。ところが、この打球《だきゅう》は浜風《はまかぜ》によって押《お》しもどされ、ライト・矢野選手《やのせんしゅ》のグラブのなかへ。これで2《ツー》アウト。それでも、犠牲《ぎせい》フライには十分《じゅうぶん》な飛距離《ひきょり》。熊本工《くまもとこう》の三塁《るい》ランナー、星子選手《ほしこせんしゅ》はタッチアップでホームへ。矢野選手《やのせんしゅ》もホームへダイレクト返球《へんきゅう》を試《こころ》みたが、ボールは山《やま》なりでコントロールも悪《わる》く、キャッチャーには届《とど》きそうになかった。

だがここでふたたび、ライトからの浜風《はまかぜ》が奇跡《きせき》をおこす。矢野選手《やのせんしゅ》のバックホームは浜風《はまかぜ》のいきおいを受《う》けてグングン加速《かそく》。「ここでしかアウトにできない！」という針《はり》の穴《あな》をとおすようなコント

	一	二	三	四	五	六	七	八	九	十	十一	計
松山商	3	0	0	0	0	0	0	0	0	0	3	6
熊本工	0	1	0	0	0	0	0	1	1	0	0	3

ロールでキャッチャーミットにおさまり、ホームでのタッチアウトに成功《せいこう》したのだ。

なぜあの大飛球《だいひきゅう》がホームランにならず、なぜあの暴投《ぼうとう》バックホームでアウトにできたのか？　信《しん》じられないプレーの連続《れんぞく》に、甲子園《こうしえん》球場《きゅうじょう》は興奮《こうふん》とどよめきにつつまれていた。

ピンチのあとにチャンスあり。11回表《かいおもて》、松山商《まつやましょう》は「奇跡《きせき》のバックホーム」を演《えん》じたばかりの矢野《やの》選手《せんしゅ》が2《ツー》ベースヒットで出塁《しゅつるい》。これでいきおいにのった松山商《まつやましょう》はこの回《かい》、試合《しあい》をきめる3得点《とくてん》。こうして、松山商《まつやましょう》が延長《えんちょう》11回《かい》、6対《たい》3で勝利《しょうり》し、夏《なつ》の大会《たいかい》5度目《どめ》の全国制覇《ぜんこくせいは》を達成《たっせい》したのだ。

伝《でん》説《せつ》こぼれ話《ばなし》

ヒーローは、ある日《ひ》突然《とつぜん》に

延長《えんちょう》10回《かい》、先頭打者《せんとうだしゃ》として出塁《しゅつるい》し、ホームでタッチアウトになってしまった熊本工《くまもとこう》の8番打者《ばんだしゃ》・星子《ほしこ》選手《せんしゅ》は、もともとチームの4番《ばん》をまかされていた好打者《こうだしゃ》。甲子園《こうしえん》での成績《せいせき》も14打数《だすう》8安打《あんだ》で打率《だりつ》5割《わり》5分《ぶ》1厘《りん》と大当《おおあ》たり。この決勝戦《けっしょうせん》でも4打数《だすう》3安打《あんだ》と好調《こうちょう》だった。

一方《いっぽう》、「奇跡《きせき》のバックホーム」を演《えん》じた松山商《まつやましょう》の控《ひか》え外野手《がいやしゅ》・矢野《やの》選手《せんしゅ》も、守備《しゅび》と肩《かた》はチームで一番《いちばん》。打順《だじゅん》が後《うし》ろでも、控《ひか》え選手《せんしゅ》でも、チームの主軸《しゅじく》やレギュラーとの差《さ》はほとんどない場合《ばあい》が高校野球《こうこうやきゅう》では多《おお》い。だからこそ、甲子園《こうしえん》では意外《いがい》な展開《てんかい》で名勝負《めいしょうぶ》が生《う》まれたり、無名《むめい》のヒーローが突如出現《とつじょしゅつげん》したりする。それもまた高校野球《こうこうやきゅう》の魅力《みりょく》のひとつなのだ。

「奇跡《きせき》のバックホーム」が生《う》んだ〝たっちあっぷ〟

熊本工《くまもとこう》の星子選手《ほしこせんしゅ》は、高校卒業後《こうこうそつぎょうご》に社会人野球《しゃかいじんやきゅう》へ。だが、ケガもあって2年半《ねんはん》で引退《いんたい》。故郷《こきょう》にもどって飲食店《いんしょくてん》を営《いとな》み、野球《やきゅう》とは関係《かんけい》のない日々《ひび》をすごしていた。そんなある日《ひ》、店《みせ》にひとりの男《おとこ》が訪《たず》ねてきた。その人物《じんぶつ》は松山商《まつやましょう》の矢野選手《やのせんしゅ》。矢野選手《やのせんしゅ》は高校卒業後《こうこうそつぎょうご》、大学野球《だいがくやきゅう》でプレー。その後《ご》、地元《じもと》のテレビ局《きょく》に勤務《きんむ》し、高校野球《こうこうやきゅう》を取材《しゅざい》する側《がわ》にまわっていた。ふたりは意気投合《いきとうごう》し、朝《あさ》まで語《かた》りあうなかで、星子《ほしこ》さんは野球《やきゅう》の魅力《みりょく》を再確認《さいかくにん》。野球《やきゅう》が楽《たの》しめる飲食店《いんしょくてん》をはじめる決意《けつい》をかためた。2014年《ねん》にオープンした店《みせ》の名《な》は「たっちあっぷ」。店《みせ》には星子《ほしこ》さんの熊本工《くまもとこう》のユニフォームと、矢野《やの》さんの松山商《まつやましょう》のユニフォームがかざられ、星子選手《ほしこせんしゅ》のタッチアップする場面《ばめん》の映像《えいぞう》が毎晩《まいばん》のように流《なが》れている。

コラム③

〝ミレニアム世代《せだい》〟見参《けんざん》！

100回《かい》大会《たいかい》に挑《いど》むレジェンド候補《こうほ》たち

「ミレニアム世代《せだい》」の選手《せんしゅ》たち

高校野球《こうこうやきゅう》の歴史《れきし》では、数年《すうねん》に一度《ど》、まばゆい才能《さいのう》が集《あつ》まる年《とし》がある。2018年《ねん》の夏《なつ》の甲子園《こうしえん》第《だい》100回大会《かいたいかい》に出場《しゅつじょう》する選手《せんしゅ》たちがまさにそう。彼《かれ》らは西暦《せいれき》2000年度《ねんど》生まれであることから、「ミレニアム世代《せだい》」（ミレニアム＝1000年《ねん》ごとの区切《くぎ》り）と呼《よ》ばれている。記念《きねん》すべき100回大会《かいたいかい》の主役《しゅやく》になりそうな選手《せんしゅ》たちの横顔《よこがお》を見《み》ていこう。

大本命《だいほんめい》は大阪桐蔭《おおさかとういん》の選手《せんしゅ》たち

ミレニアム世代《せだい》をひっぱるのは、2018年春《ねんはる》のセンバツで優勝《ゆうしょう》し、史上《しじょう》3校目《こうめ》の「春《はる》連覇《れんぱ》」を達成《たっせい》した大阪桐蔭《おおさかとういん》の選手《せんしゅ》たちだ。

なかでも、エースで4番《ばん》、さらには内野守備《ないやしゅび》も外野守備《がいやしゅび》も超高校級《ちょうこうこうきゅう》の根尾昂《ねおあきら》選手《せんしゅ》や、50メートル走《そう》5秒《びょう》8の俊足《しゅんそく》と打撃《だげき》センスを武器《ぶき》に2年生《ねんせい》で高校日本代表《こうこうにほんだいひょう》に選《えら》ばれたセンターの藤原恭大《ふじわらきょうた》選手《せんしゅ》が話題《わだい》の中心《ちゅうしん》だ。とくに根尾《ねお》選手《せんしゅ》は、中学時代《ちゅうがくじだい》にはスキーの世界大会《せかいたいかい》に出場《しゅつじょう》したほどの運動神経《うんどうしんけい》をいかし、投《な》げては最速《さいそく》147キロ、打《う》っては高校通算《こうこうつうさん》ホームラン20本《ぽん》。おまけに医者《いしゃ》をめざせるほど勉強《べんきょう》もできるという完璧超人《かんぺきちょうじん》なのだ。

根尾《ねお》だけじゃない「投打《とうだ》二刀流《とうりゅう》」

投手《とうしゅ》で注目選手《ちゅうもくせんしゅ》といえば、根尾選手《ねおせんしゅ》とともに大阪桐蔭《おおさかとういん》のマウンドを守《まも》る本格右腕《ほんかくうわん》の柿木蓮投手《かきぎれんとうしゅ》、長身左腕《ちょうしんさわん》の横川凱投手《よこがわかいとうしゅ》もはずせない。

他《ほか》にも、右投手《みぎとうしゅ》なら埼玉栄《さいたまさかえ》（南埼玉《みなみさいたま》）の米倉貫太投手《よねくらかんたとうしゅ》、150キロを超《こ》えるストレートが武器《ぶき》の倉敷商《くらしきしょう》（岡山《おかやま》）の引地秀一郎投手《ひきじしゅういちろうとうしゅ》、明徳義塾《めいとくぎじゅく》（高知《こうち》）の右《みぎ》サイドハンド、市川悠太投手《いちかわゆうたとうしゅ》などもおもしろい存在《そんざい》。左投手《ひだりとうしゅ》なら、浦和学院《うらわがくいん》（南埼玉《みなみさいたま》）の佐野涼弥投手《さのりょうやとうしゅ》、高岡商《たかおかしょう》（富山《とやま》）の山田龍聖投手《やまだりゅうせいとうしゅ》などもいる。

また、根尾選手《ねおせんしゅ》のような「投打《とうだ》の二刀流《とうりゅう》」では、中央学院《ちゅうおうがくいん》（千葉《ちば》）の大谷拓海選手《おおたにたくみせんしゅ》、明秀日立《めいしゅうひたち》（茨城《いばらき》）の細川拓哉選手《ほそかわたくやせんしゅ》も注目株《ちゅうもくかぶ》だ。

さらなる成長《せいちょう》で頂点《ちょうてん》に立《た》つのは？

ミレニアム世代《せだい》はショートの有望株《ゆうぼうかぶ》が多《おお》い。最注目《さいちゅうもく》は、2年生《ねんせい》の時点《じてん》で高校日本代表入《こうこうにほんだいひょうい》りした報徳学院《ほうとくがくいん》（兵庫《ひょうご》）の小園海斗選手《こぞのかいとせんしゅ》。他《ほか》にも、明秀日立《めいしゅうひたち》の増田陸選手《ますだりくせんしゅ》、守備力《しゅびりょく》にすぐれた天理《てんり》（奈良《なら》）の太田椋選手《おおたりょうせんしゅ》などがいる。

長打力《ちょうだりょく》で気《き》になる選手《せんしゅ》なら、東海大相模《とうかいだいさがみ》（北神奈川《きたかながわ》）の森下翔太選手《もりしたしょうたせんしゅ》、日本航空石川《にっぽんこうくういしかわ》（石川《いしかわ》）の上田優弥選手《うえだゆうやせんしゅ》、明豊《めいほう》（大分《おおいた》）の濱田太貴選手《はまだたいきせんしゅ》。他《ほか》にも、花咲徳栄《はなさきとくはる》（北埼玉《きたさいたま》）の野村佑希選手《のむらゆうきせんしゅ》と早稲田実《わせだじつ》（西東京《にしとうきょう》）の野村大樹選手《のむらだいじゅせんしゅ》は「W《ダブル》野村《のむら》」として注目《ちゅうもく》だ。

急激《きゅうげき》に成長《せいちょう》するのも高校球児《こうこうきゅうじ》の魅力《みりょく》。彼《かれ》らのなかで世代《せだい》の頂点《ちょうてん》に立《た》つのは誰《だれ》だろうか？

甲子園《こうしえん》レジェンドマッチランキング

順位《じゅんい》	対戦《たいせん》チーム／スコア／年《ねん》	レジェンドの証《あかし》
1位	早稲田実《わせだじつ》×駒大苫小牧《こまだいとまこまい》 4×3 （2006年夏決勝・引き分け再試合）	平成甲子園《へいせいこうしえん》・伝説《でんせつ》の決勝《けっしょう》。延長《えんちょう》15回《かい》、1対《たい》1で引《ひ》き分《わ》けた翌日《よくじつ》、再試合《さいしあい》で早稲田実《わせだじつ》が勝利《しょうり》。超名門校《ちょうめいもんこう》が初《はつ》の夏優勝《なつゆうしょう》を達成《たっせい》した。
2位	横浜《よこはま》×PL学園《ピーエルがくえん》 9×7 （1998年夏準々決勝・延長17回）	怪物《かいぶつ》・松坂大輔《まつざかだいすけ》の横浜《よこはま》が宿敵《しゅくてき》・PL学園《ピーエルがくえん》をやぶった死闘《しとう》。両校《りょうこう》は同年春《どうねんはる》も準決勝《じゅんけっしょう》で接戦《せっせん》をくりひろげ、横浜《よこはま》が3対《たい》2で勝利《しょうり》している。
3位	中京大中京《ちゅうきょうだいちゅうきょう》×日本文理《にほんぶんり》 10×9 （2009年夏決勝）	日本文理《にほんぶんり》が9回表《かいおもて》2《ツー》アウトから大反撃《だいはんげき》。そのねばりに、テレビのアナウンサーは「日《に》本文理《ほんぶんり》の夏《なつ》はまだ終《お》わらな〜い!」と絶叫《ぜっきょう》。
4位	智弁和歌山《ちべんわかやま》×帝京《ていきょう》 13×12 （2006年夏準々決勝）	甲子園史上《こうしえんしじょう》もっとも壮絶《そうぜつ》な打撃戦《だげきせん》。帝京《ていきょう》が9回表《かいおもて》に8点《てん》をあげるも、9回裏《かいうら》に智弁和《ちべんわ》歌山《かやま》が5点《てん》をあげてサヨナラ勝利《しょうり》。
5位	松山商《まつやましょう》×熊本工《くまもとこう》 6×3 （1996年夏決勝・延長11回）	10回裏《かいうら》、甲子園史《こうしえんし》にのこる伝説《でんせつ》のプレー「奇跡《きせき》のバックホーム」でサヨナラ負《ま》けの大《だい》ピンチをしのいだ松山商《まつやましょう》が優勝《ゆうしょう》。
6位	佐賀北《さがきた》×広陵《こうりょう》 5×4 （2007年夏決勝）	普通《ふつう》の公立校《こうりつこう》・佐賀北《さがきた》が強豪《きょうごう》をつぎつぎと倒《たお》して優勝《ゆうしょう》。決勝《けっしょう》では8回裏《かいうら》に劇的《げきてき》な逆《ぎゃく》転満塁本塁打《てんまんるいほんるいだ》が飛《と》びだし、勝負《しょうぶ》をきめた。

この本《ほん》でとりあげたレジェンドマッチはどれも優劣《ゆうれつ》がつけがたい名勝負《めいしょうぶ》ばかり。選手《せんしゅ》が見《み》せたひとつひとつのプレーに観客《かんきゃく》は叫《さけ》び、泣《な》いた。平成《へいせい》以前《いぜん》では、1979年夏《ねんなつ》、「神様《かみさま》がつくった試合《しあい》」と呼《よ》ばれる箕島《みのしま》（和歌《わか》山《やま》）対星稜《たいせいりょう》（石川《いしかわ》）の延長《えんちょう》18回《かい》の死闘《しとう》も伝説《でんせつ》だ。

第3章

Legend Team

甲子園のレジェンドチーム

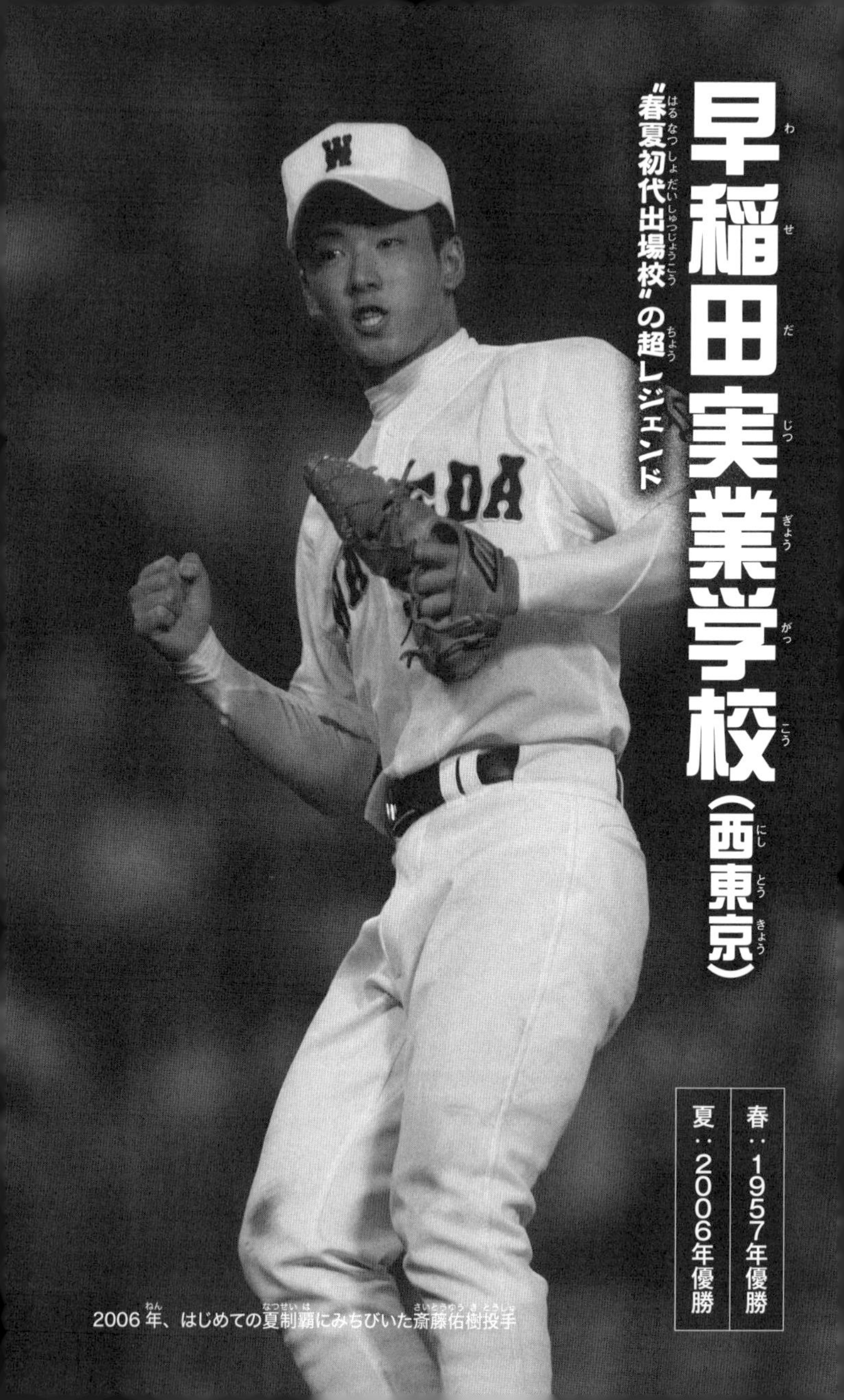

早《わ》稲《せ》田《だ》実《じつ》業《ぎょう》学《がっ》校《こう》（西《にし》東《とう》京《きょう》）

"春《はる》夏《なつ》初《しょ》代《だい》出《しゅつ》場《じょう》校《こう》"の超《ちょう》レジェンド

春：1957年優勝
夏：2006年優勝

2006年《ねん》、はじめての夏制覇《なつせいは》にみちびいた斎藤《さいとう》佑《ゆう》樹《き》投手《とうしゅ》

春《はる》も夏《なつ》も、栄《は》える〝初代出場校《しょだいしゅつじょうこう》〟

東京《とうきょう》を代表《だいひょう》する野球名門校《やきゅうめいもんこう》、早稲田実《わせだじつ》（西東京《にしとうきょう》）。その歴史《れきし》は古《ふる》く、野球部創部《やきゅうぶそうぶ》は１９０１年《ねん》。約《やく》１００年前《ねんまえ》の１９１５年《ねん》にはじめて開催《かいさい》された夏《なつ》の全国大会《ぜんこくたいかい》（全国中等学校優勝野球大会《ぜんこくちゅうとうがっこうゆうしょうやきゅうたいかい》）に出場《しゅつじょう》した、たった10校《こう》しかない「初代出場校《しょだいしゅつじょうこう》」でもある。

この第《だい》1回大会《かいたいかい》で優勝候補《ゆうしょうこうほ》といわれた早稲田実《わせだじつ》だったが、準決勝《じゅんけっしょう》で敗退《はいたい》。このときはまだ、早稲田実《わせだじつ》が優勝《ゆうしょう》するまでに何十年《なんじゅうねん》も必要《ひつよう》になるとは誰《だれ》も予想《よそう》できないことだった。

１９２４年《ねん》。この年《とし》にはじまった春《はる》のセンバツ大会《たいかい》でも、たった８校《こう》しかいない初代出場校《しょだいしゅつじょうこう》に選《えら》ばれた早稲田実《わせだじつ》。だが、このときは準優勝《じゅんゆうしょう》。さらに１９２５年《ねん》の夏《なつ》の甲子園《こうしえん》でも準優勝《じゅんゆうしょう》。全国《ぜんこく》の舞台《ぶたい》には顔《かお》をだすのに、頂点《ちょうてん》をつかめない時代《じだい》が長《なが》くつづいた。

「世界《せかい》の王《おう》」と「大《だい》ちゃんフィーバー」

全国《ぜんこく》の舞台《ぶたい》でかがやききれない悪《わる》い流《なが》れを断《た》ちきったのが、のちに「世界《せかい》のホームラン王《おう》」として活躍《かつやく》する王貞治選手《おうさだはるせんしゅ》（元《もと》・巨人《きょじん》）。１９５７年《ねん》春《はる》のセンバツ大会《たいかい》では２年生《ねんせい》エースとして出場《しゅつじょう》し、2回戦《かいせん》から準決勝《じゅんけっしょう》まで3試合《しあい》連続完封《れんぞくかんぷう》。決勝《けっしょう》では左手《ひだりて》を負傷《ふしょう》しながら血染《ちぞ》めのボールを投《な》げつづけ、早稲田実《わせだじつ》にセンバツ初優勝《はつゆうしょう》の栄冠《えいかん》をもたらしたのだ。王選手《おうせんしゅ》はその後《ご》も、甲子園《こうしえん》でノーヒットノーランや2試合連続《しあいれんぞく》ホームランをはなつなど大活躍《だいかつやく》。だが、そんな王選手《おうせんしゅ》でも、夏《なつ》の甲子園《こうしえん》での優勝《ゆうしょう》にはついに手《て》が届《とど》かなかった。

ふたたび、甲子園《こうしえん》が早稲田実《わせだじつ》の活躍《かつやく》でにぎわったのは1980年《ねん》のこと。1年生《ねんせい》エースの荒木大輔投手《あらきだいすけとうしゅ》（元《もと》・ヤクルト他《ほか》）の活躍《かつやく》で、夏《なつ》の甲子園準優勝《こうしえんじゅんゆうしょう》。荒木投手《あらきとうしゅ》の活躍《かつやく》は野球《やきゅう》ファン以外《いがい》の女性《じょせい》からも支持《しじ》を集《あつ》め、アイドルなみの人気《にんき》を獲得《かくとく》。「大《だい》ちゃんフィーバー」として社会現象《しゃかいげんしょう》になり、当時《とうじ》生《う》まれた男《おとこ》の子《こ》は「大輔《だいすけ》」と名《な》づけられることが多《おお》かった。横浜《よこはま》（神奈川《かながわ》）のエースとして甲子園春夏連覇《こうしえんはるなつれんぱ》を達成《たっせい》した松坂大輔投手《まつざかだいすけとうしゅ》もそのひとりだ。荒木投手《あらきとうしゅ》は甲子園《こうしえん》に春夏《はるなつ》あわせて5回出場《かいしゅつじょう》。だが、「優勝《ゆうしょう》」の二文字《ふたもじ》はやはり遠《とお》かった。

91年目《ねんめ》の初優勝《はつゆうしょう》と、100年目《ねんめ》の怪物《かいぶつ》

2006年《ねん》。この年《とし》はエースの斎藤佑樹投手《さいとうゆうきとうしゅ》（現《げん》・日本《にっぽん》ハム）が大車輪《だいしゃりん》の活躍《かつやく》を見《み》せ、春《はる》と夏《なつ》の甲子園《こうしえん》に出場《しゅつじょう》。とくにすごかったのが夏《なつ》の熱投《ねっとう》。誰《だれ》もがおどろくスタミナで投《な》げ

主《おも》な卒《そつ》業《ぎょう》生《せい》

榎本喜八《えのもときはち》　1954年度卒業
元・毎日オリオンズ他（内野手）

王 貞治《おうさだはる》　1958年度卒業
元・読売ジャイアンツ（内野手）

大矢明彦《おおやあきひこ》　1965年度卒業
元・ヤクルトスワローズ（捕手）

荒木大輔《あらきだいすけ》　1982年度卒業
元・ヤクルトスワローズ他（投手）

石井丈裕《いしいたけひろ》　1982年度卒業
元・西武ライオンズ他（投手）

斎藤佑樹《さいとうゆうき》　2006年度卒業
現・北海道日本ハムファイターズ（投手）

重信慎之介《しげのぶしんのすけ》　2011年度卒業
現・読売ジャイアンツ（外野手）

清宮幸太郎《きよみやこうたろう》　2018年度卒業
現・北海道日本ハムファイターズ（内野手）

るたびに評価《ひょうか》を高《たか》め、決勝戦《けっしょうせん》では大会《たいかい》2連覇中《れんぱちゅう》の駒大苫小牧《こまだいとまこまい》（南北海道《みなみほっかいどう》）相手《あいて》に「延長《えんちょう》15回引《かいひ》き分《わ》け再試合《さいしあい》」という伝説《でんせつ》の試合《しあい》で完投《かんとう》。翌日《よくじつ》の再試合《さいしあい》もひとりで投《な》げぬき、ついに悲願《ひがん》の初優勝《はつゆうしょう》。夏《なつ》27回目《かいめ》の出場《しゅつじょう》にしてようやくつかんだ栄光《えいこう》だった。

そして、2015年《ねん》。第《だい》1回大会《かいたいかい》から100年《ねん》、という節目《ふしめ》の年《とし》に登場《とうじょう》したのが、怪物《かいぶつ》1年生《ねんせい》・清宮幸太郎選手《きよみやこうたろうせんしゅ》（現《げん》・日本《にっぽん》ハム）。清宮選手《きよみやせんしゅ》は3年間《ねんかん》で高校通算歴代《こうこうつうさんれきだい》1位《い》となる111本《ぽん》のホームランを記録《きろく》。高校野球《こうこうやきゅう》の歴史《れきし》にその名《な》をきざんだ。

王《おう》、荒木《あらき》、斎藤《さいとう》、清宮《きよみや》と、高校野球史《こうこうやきゅうし》にかがやくスター選手《せんしゅ》を何人《なんにん》も世《よ》に送《おく》りだしてきた早稲田実《わせだじつ》。きっと今後《こんご》も、この学校《がっこう》からつぎのスター選手《せんしゅ》が登場《とうじょう》するのではないだろうか。

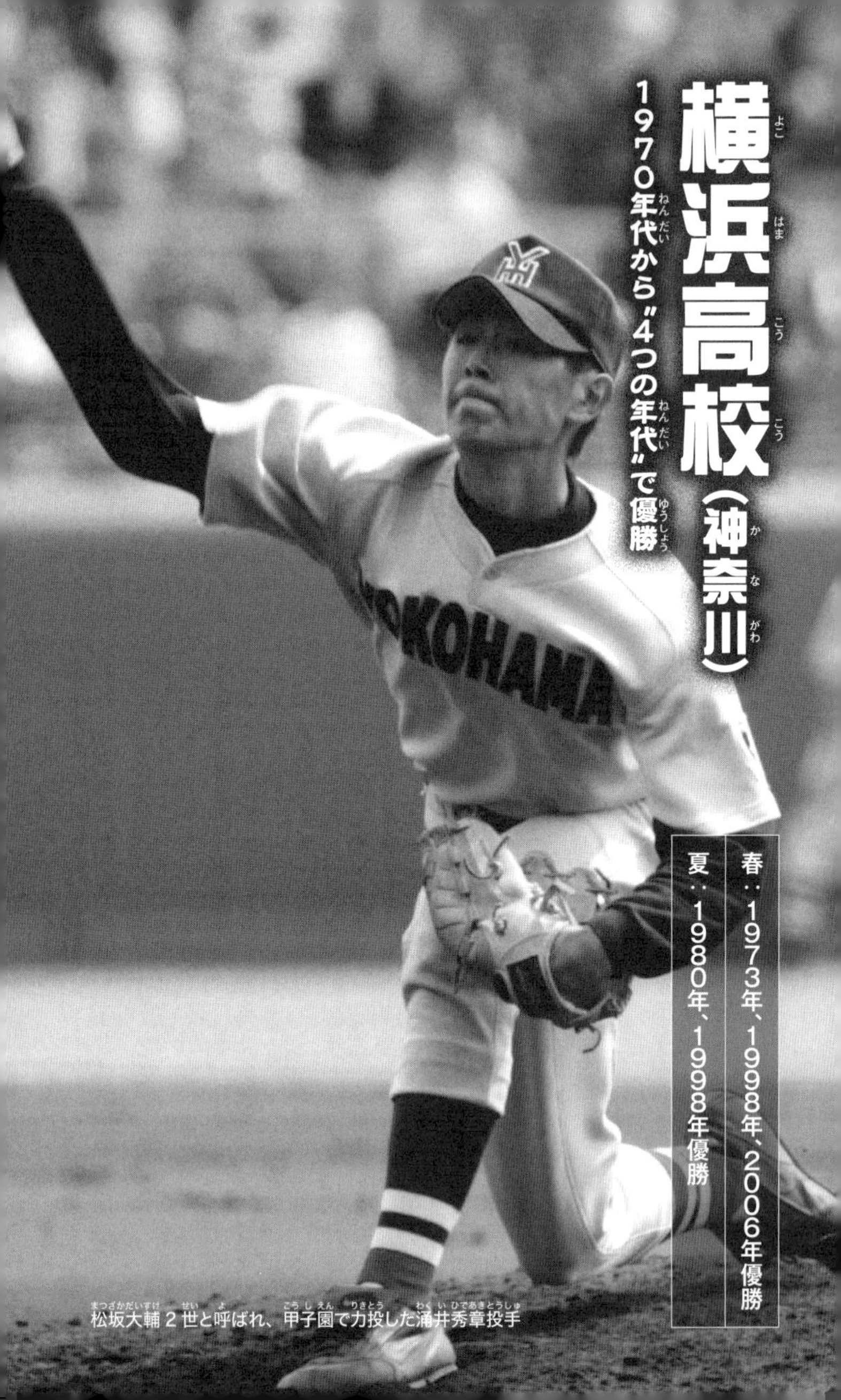

横浜高校《よこはまこうこう》（神奈川《かながわ》）

1970年代《ねんだい》から“4つの年代《ねんだい》”で優勝《ゆうしょう》

春：1973年、1998年、2006年優勝

夏：1980年、1998年優勝

松坂大輔《まつざかだいすけ》2世《せい》と呼《よ》ばれ、甲子園《こうしえん》で力投《りきとう》した涌井秀章投手《わくいひであきとうしゅ》

現役《げんえき》プロ野球選手《やきゅうせんしゅ》出身高校《しゅっしんこうこう》ランキング1位《い》

どんな強豪校《きょうごうこう》であっても、ずっと強《つよ》い状態《じょうたい》を維持《いじ》することはむずかしい。ところが、1970年代《ねんだい》、1980年代《ねんだい》、1990年代《ねんだい》、2000年代《ねんだい》と、4つの年代《ねんだい》で優勝《ゆうしょう》したすごい学校《がっこう》がある。神奈川県《かながわけん》の横浜高校《よこはまこうこう》だ。現役《げんえき》プロ野球選手《やきゅうせんしゅ》の出身高校《しゅっしんこうこう》ランキングでは、ここ数年《すうねん》、横浜《よこはま》がずっと1位《い》。松坂大輔投手《まつざかだいすけとうしゅ》（現《げん》・中日《ちゅうにち》）、筒香嘉智選手《つつごうよしともせんしゅ》（現《げん》・DeNA《ディーエヌエー》）など、日本代表《にほんだいひょう》の中心《ちゅうしん》として活躍《かつやく》するような選手《せんしゅ》も多《おお》い。

この横浜《よこはま》で指導者《しどうしゃ》を50年《ねん》つとめ、強豪校《きょうごうこう》に育《そだ》てあげたのが「名将《めいしょう》」渡辺元智前監督《わたなべもとのりぜんかんとく》。そして「名参謀《めいさんぼう》」と呼《よ》ばれた小倉清一郎元《おぐらきよいちろうもと》コーチだ。ふたりとも、横浜野球部卒業生《よこはまやきゅうぶそつぎょうせい》だった。

二人三脚指導《ににんさんきゃくしどう》の集大成《しゅうたいせい》、史上《しじょう》5校目《こうめ》の〝春夏連覇《はるなつれんぱ》〟

指導者《しどうしゃ》になったばかりのころは、ひたすら猛練習《もうれんしゅう》の日々《ひび》だったという渡辺監督《わたなべかんとく》。当時《とうじ》の横浜《よこはま》には照明設備《しょうめいせつび》がなく、夜《よる》になると車《くるま》のライトをつけて守備練習《しゅびれんしゅう》をくりかえした。

こうしてみがいた守備力《しゅびりょく》で、1973年《ねん》の「センバツ初出場初優勝《はつしゅつじょうはつゆうしょう》」という快挙《かいきょ》につなげたのだ。
1980年《ねん》には、左腕《さわん》エース、愛甲猛投手《あいこうたけしとうしゅ》（元《もと》・ロッテ他《ほか》）の活躍《かつやく》で、夏《なつ》の甲子園初優勝《こうしえんはつゆうしょう》。ただ、愛甲選手《あいこうせんしゅ》は地元《じもと》では有名《ゆうめい》な悪《わる》ガキで、ときには警察《けいさつ》のお世話《せわ》になることも。そこで渡辺監督《わたなべかんとく》は愛甲選手《あいこうせんしゅ》を自分《じぶん》の家《いえ》にすまわせ、私生活《しせいかつ》でも面倒《めんどう》を見《み》ていた。こうして愛甲選手《あいこうせんしゅ》を野球《やきゅう》に集中《しゅうちゅう》させたことで、全国制覇《ぜんこくせいは》が実現《じつげん》したのだ。

愛甲選手《あいこうせんしゅ》のように、選手《せんしゅ》との対話《たいわ》をとおして精神的《せいしんてき》な部分《ぶぶん》の指導《しどう》をするのが渡辺監督《わたなべかんとく》の役目《やくめ》。一方《いっぽう》、小倉《おぐら》コーチは技術的《ぎじゅつてき》な指導《しどう》と、相手《あいて》チームを徹底的《てっていてき》に研究《けんきゅう》して丸裸《まるはだか》にするのが仕事《しごと》。また、中学生《ちゅうがくせい》で将来有望《しょうらいゆうぼう》な選手《せんしゅ》がいると聞《き》きつけると、遠《とお》くにまで足《あし》を運《はこ》んで横浜《よこはま》に誘《さそ》うのも小倉《おぐら》コーチの役目《やくめ》だった。そんなふたりによる二人三脚《ににんさんきゃく》の教《おし》えの集大成《しゅうたいせい》となったのが1998年《ねん》。小倉《おぐら》コーチの誘《さそ》いを受《う》けて入学《にゅうがく》した松坂投手《まつざかとうしゅ》を徹底的《てっていてき》にきたえ、「平成《へいせい》の怪物《かいぶつ》」と呼《よ》ばれる大投手《だいとうしゅ》に育《そだ》てあげて、史上《しじょう》5校目《こうめ》の「春夏連覇《はるなつれんぱ》」を達成《たっせい》したのだ。

「神奈川《かながわ》を制《せい》する者《もの》は全国《ぜんこく》を制《せい》す」

2006年《ねん》のセンバツ大会《たいかい》では、決勝戦《けっしょうせん》で21対《たい》0というとんでもない打撃力《だげきりょく》を発揮《はっき》し、

主《おも》な卒《そつ》業《ぎょう》生《せい》

愛甲《あいこう》猛《たけし》 1980年度卒業
元・千葉ロッテマリーンズ他（内・外野手）

松坂大輔《まつざかだいすけ》 1998年度卒業
現・中日ドラゴンズ（投手）

成瀬善久《なるせよしひさ》 2003年度卒業
現・東京ヤクルトスワローズ（投手）

涌井秀章《わくいひであき》 2004年度卒業
現・千葉ロッテマリーンズ（投手）

倉本寿彦《くらもととしひこ》 2008年度卒業
現・横浜DeNAベイスターズ（内野手）

筒香嘉智《つつごうよしとも》 2009年度卒業
現・横浜DeNAベイスターズ（外野手）

近藤健介《こんどうけんすけ》 2011年度卒業
現・北海道日本ハムファイターズ（内・外野手、捕手）

乙坂《おとさか》智《とも》 2011年度卒業
現・横浜DeNAベイスターズ（外野手）

淺間大基《あさまだいき》 2014年度卒業
現・北海道日本ハムファイターズ（外野手）

藤平尚真《ふじひらしょうま》 2016年度卒業
現・東北楽天ゴールデンイーグルス（投手）

5度目《どめ》の優勝《ゆうしょう》を達成《たっせい》。2013年《ねん》には、渡辺監督《わたなべかんとく》の孫《まご》である佳明選手《よしあきせんしゅ》とともに甲子園出場《こうしえんしゅつじょう》。祖父《そふ》が監督《かんとく》、孫《まご》が選手《せんしゅ》というめずらしい快挙《かいきょ》は、長《なが》く名将《めいしょう》でいたからこそ実現《じつげん》できたことだった。

その後《ご》、小倉《おぐら》コーチは2014年《ねん》に、渡辺監督《わたなべかんとく》は2015年《ねん》に指導《しどう》からしりぞき、現在《げんざい》はふたりの教《おし》え子《ご》でもあった平田徹監督《ひらたとおるかんとく》にバトンタッチ。「選手《せんしゅ》がみずから考《かんが》え、力《ちから》で圧倒《あっとう》する」チームをめざし、科学的《かがくてき》なトレーニングにも積極的《せっきょくてき》に挑戦《ちょうせん》。2016年《ねん》には監督就任《かんとくしゅうにん》1年目《ねんめ》で甲子園出場《こうしえんしゅつじょう》をはたしている。

出場校《しゅつじょうこう》の数《かず》が全国《ぜんこく》でもっとも多《おお》く、最激戦区《さいげきせんく》といわれる神奈川《かながわ》の高校野球《こうこうやきゅう》。「神奈川《かながわ》を制《せい》する者《もの》は全国《ぜんこく》を制《せい》す」という言葉《ことば》もあるが、これからもその中心《ちゅうしん》にいるのは横浜高校《よこはまこうこう》だ。

大《おお》阪《さか》桐《とう》蔭《いん》高《こう》校《こう》（大《おお》阪《さか》）

春《はる》3回《かい》、夏《なつ》4回《かい》優勝《ゆうしょう》の〝21世紀《せいき》最強《さいきょう》チーム〟

春：2012年、2017年、2018年優勝

夏：1991年、2008年、2012年、2014年優勝

2012年《ねん》の春夏連覇《はるなつれんぱ》に貢献《こうけん》した強打《きょうだ》の捕手《ほしゅ》・森友哉選手《もりともやせんしゅ》

甲子園《こうしえん》勝率《しょうりつ》8割《わり》以上《いじょう》の圧倒的《あっとうてき》な強《つよ》さ

「21世紀《せいき》最強《さいきょう》チーム」「西《にし》の横綱《よこづな》」……そんな異名《いみょう》で呼《よ》ばれ、現在《げんざい》の高校野球界《こうこうやきゅうかい》をリードするのが大阪《おおさか》の大阪桐蔭高校《おおさかとういんこうこう》だ。

1991年《ねん》の春《はる》のセンバツ大会《たいかい》で甲子園《こうしえん》初出場《はつしゅつじょう》をはたすと、その年《とし》の8月《がつ》、夏《なつ》の甲子園《こうしえん》でいきなり全国制覇《ぜんこくせいは》を達成《たっせい》。このときは、夏《なつ》の大会《たいかい》初出場《はつしゅつじょう》で初優勝《はつゆうしょう》だったこと、創部《そうぶ》からわずか4年目《ねんめ》での快挙《かいきょ》だったこと、当時監督《とうじかんとく》だった長沢和雄《ながさわかずお》さんはサラリーマンから転職《てんしょく》した人物《じんぶつ》であること、などさまざまな点《てん》で話題《わだい》を呼《よ》んだ。

この初優勝《はつゆうしょう》から27年《ねん》。チームの基礎《きそ》をつくった長沢監督《ながさわかんとく》のあとを引《ひ》き継《つ》いだ西谷浩一《にしたにこういち》監督《かんとく》のもと、2018年春《ねんはる》のセンバツ大会《たいかい》までに、春夏《はるなつ》あわせて甲子園出場回数《こうしえんしゅつじょうかいすう》は19回《かい》。夏《なつ》の全国制覇《ぜんこくせいは》が4回《かい》。春《はる》のセンバツ優勝《ゆうしょう》は3回《かい》。甲子園通算成績《こうしえんつうさんせいせき》は57勝《しょう》12敗《はい》。勝率《しょうりつ》はなんと8割以上《わりいじょう》という、圧倒的《あっとうてき》な強《つよ》さをほこっているのだ。

能力《のうりょく》があれば下級生《かきゅうせい》でもチャンス

大阪桐蔭《おおさかとういん》の特徴《とくちょう》のひとつは「少数精鋭《しょうすうせいえい》」であること。全国《ぜんこく》には100人《にん》を超《こ》える部員数《ぶいんすう》の強豪校《きょうごうこう》はめずらしくないが、大阪桐蔭《おおさかとういん》は1学年《がくねん》20人程度《にんていど》。西谷監督《にしたにかんとく》が、西日本《にしにほん》を中心《ちゅうしん》に各地《かくち》からスカウトした期待《きたい》の選手《せんしゅ》だけが、大阪桐蔭《おおさかとういん》の門《もん》をくぐることができる。

各地域《かくちいき》から有望選手《ゆうぼうせんしゅ》が集《あつ》まる大阪桐蔭《おおさかとういん》では、部員《ぶいん》は全員《ぜんいん》が寮生活《りょうせいかつ》。外出《がいしゅつ》できるのは1カ月《げつ》に1度《ど》の「コンビニ旅行《りょこう》」だけ、というきびしい環境《かんきょう》のなかで団結力《だんけつりょく》を高《たか》めている。ちなみにこのコンビニ旅行《りょこう》は、1年生《ねんせい》は500円《えん》、2年生《ねんせい》は1000円《えん》、3年生《ねんせい》は1500円《えん》と使《つか》える金額《きんがく》が学年《がくねん》ごとにきまっていて、全員《ぜんいん》でバスにのって近《ちか》くのコンビニや大型《おおがた》スーパーにでかけてお買《か》い物《もの》。戦士《せんし》たちにとって、束《つか》の間《ま》の休息時間《きゅうそくじかん》だ。

ただ、大阪桐蔭《おおさかとういん》では、先輩《せんぱい》・後輩《こうはい》の上下関係《じょうげかんけい》は決《けっ》してきびしくないことでも有名《ゆうめい》。1年生《ねんせい》は球《たま》ひろいだけ、という学校《がっこう》があるなかで、1年生《ねんせい》から積極的《せっきょくてき》に練習《れんしゅう》に参加《さんか》できるのも特徴《とくちょう》のひとつ。能力《のうりょく》があれば下級生《かきゅうせい》でもどんどんチャンスをもらうことができる。

主《おも》な卒《そつ》業《ぎょう》生《せい》

今中慎二《いまなかしんじ》 1988年度卒業
元・中日ドラゴンズ（投手）

中村剛也《なかむらたけや》 2001年度卒業
現・埼玉西武ライオンズ（内野手）

岩田《いわた》 稔《みのる》 2001年度卒業
現・阪神タイガース（投手）

西岡《にしおか》 剛《つよし》 2002年度卒業
現・阪神タイガース（内野手）

辻内崇伸《つじうちたかのぶ》 2005年度卒業
元・読売ジャイアンツ（投手）

平田良介《ひらたりょうすけ》 2005年度卒業
現・中日ドラゴンズ（外野手）

中田《なかた》 翔《しょう》 2007年度卒業
現・北海道日本ハムファイターズ（内・外野手）

浅村栄斗《あさむらひでと》 2008年度卒業
現・埼玉西武ライオンズ（内野手）

藤浪晋太郎《ふじなみしんたろう》 2012年度卒業
現・阪神タイガース（投手）

森《もり》 友哉《ともや》 2013年度卒業
現・埼玉西武ライオンズ（捕手）

プロでも通用《つうよう》する“フルスイング”と“積極性《せっきょくせい》”

大阪桐蔭《おおさかとういん》といえば、プロ野球《やきゅう》でもチームのスラッガーや中心打者《ちゅうしんだしゃ》として活躍《かつやく》する選手《せんしゅ》が多《おお》いことで有名《ゆうめい》。西岡剛《にしおかつよし》選手《せんしゅ》（現《げん》・阪神《はんしん》 ※プロで首位打者《しゅいだしゃ》）、中村剛也《なかむらたけや》選手《せんしゅ》（現《げん》・西武《せいぶ》 ※ホームラン王《おう》6回《かい》、打点王《だてんおう》3回《かい》）、中田翔《なかたしょう》選手《せんしゅ》（現《げん》・日本《にっぽん》ハム ※打点王《だてんおう》2回《かい》）……と、あげればキリがない。彼《かれ》らは高校時代《こうこうじだい》から「フルスイング」の重要性《じゅうようせい》をたたきこまれ、1球目《きゅうめ》から積極的《せっきょくてき》にふっていくことも指導《しどう》された選手《せんしゅ》たち。今後《こんご》も大阪桐蔭出身《おおさかとういんしゅっしん》のスラッガーがつぎつぎと生《う》まれそうな気配《けはい》だ。

西谷監督《にしたにかんとく》は48歳《さい》の若《わか》さで、甲子園《こうしえん》での通算勝利数《つうさんしょうりすう》が49勝《しょう》（2018年《ねん》4月時点《がつじてん》）。通算勝利数《つうさんしょうりすう》、そして優勝回《ゆうしょうかい》数《すう》はどこまでのびるのだろうか？

広《こう》陵《りょう》高《こう》校《こう》(広《ひろ》島《しま》)

誰《だれ》でも入部《にゅうぶ》できる"日本一《にほんいち》の大《おお》きな家族《かぞく》"で選手《せんしゅ》を育《そだ》てる

春：1926年、1991年、2003年優勝

2007年夏《ねんなつ》の準優勝《じゅんゆうしょう》チームをささえた小林誠司選手《こばやしせいじせんしゅ》

スローガンは「ひとり一《ひと》役《やく》全《ぜん》員《いん》主《しゅ》役《やく》」

現役《げんえき》プロ野球選手《やきゅうせんしゅ》の出身高校《しゅっしんこうこう》ランキングでは、ここ数年《すうねん》、ずっと1位《い》をキープしているのが横浜《よこはま》（神奈川《かながわ》）。そして、大阪桐蔭《おおさかとういん》（大阪《おおさか》）とともに2位《い》の座《ざ》をあらそっているのが、広島《ひろしま》がほこる野球名門校《やきゅうめいもんこう》、広陵高校《こうりょうこうこう》だ。２００７年《ねん》の夏《なつ》の甲子園《こうしえん》で準優勝《じゅんゆうしょう》したときのバッテリー、野村祐輔投手《のむらゆうすけとうしゅ》（現《げん》・広島《ひろしま》）と小林誠司選手《こばやしせいじせんしゅ》（現《げん》・巨人《きょじん》）。２０１７年夏《ねんなつ》の甲子園《こうしえん》で準優勝《じゅんゆうしょう》の立役者《たてやくしゃ》となったスラッガー、中村奨成選手《なかむらしょうせいせんしゅ》（現《げん》・広島《ひろしま》）などが代表選手《だいひょうせんしゅ》だ。

ただ、広陵《こうりょう》が特徴的《とくちょうてき》なのはプロで活躍《かつやく》する選手《せんしゅ》だけでなく、大学野球《だいがくやきゅう》でキャプテンや副《ふく》キャプテンといったリーダー的役割《てきやくわり》をつとめる選手《せんしゅ》が多《おお》いこと。その理由《りゆう》のひとつが、部《ぶ》のスローガン「ひとり一役全員主役《ひとやくぜんいんしゅやく》」だ。毎年《まいとし》、50人近《にんちか》い部員《ぶいん》が入部《にゅうぶ》する大所帯《おおじょたい》だが、レギュラーの選手《せんしゅ》も、控《ひか》え選手《せんしゅ》も関係《かんけい》なく、全員《ぜんいん》で野球《やきゅう》の基本《きほん》を徹底的《てっていてき》に練習《れんしゅう》。そして、技《ぎ》術面《じゅつめん》だけでなく人間教育《にんげんきょういく》にも力《ちから》をいれているからこそ、リーダー候補《こうほ》がつぎつぎと生《う》まれるのだ。

先輩《せんぱい》から後輩《こうはい》へと受《う》けつがれる練習用《れんしゅうよう》ユニフォーム

甲子園《こうしえん》にはこれまで春夏《はるなつ》あわせて40回《かい》以上出場《いじょうしゅつじょう》し、優勝《ゆうしょう》3回《かい》、準優勝《じゅんゆうしょう》7回《かい》を数《かぞ》える広陵《こうりょう》。優勝《ゆうしょう》3回《かい》はすべてセンバツ大会《たいかい》で、春《はる》に強《つよ》いことから「サクラの広陵《こうりょう》」とも呼《よ》ばれている。そんな広陵野球部《こうりょうやきゅうぶ》を長年《ながねん》にわたって指導《しどう》しているのが中井哲之監督《なかいてつゆきかんとく》だ。

甲子園《こうしえん》での実績《じっせき》、そしてプロ野球《やきゅう》にすすむ選手《せんしゅ》が多《おお》いことから、さぞかし全国《ぜんこく》の有名中《ゆうめいちゅう》学生《がくせい》を集《あつ》めているのだろうと思《おも》いきや、中井監督《なかいかんとく》のほうから勧誘《かんゆう》することは一切《いっさい》なく、「広陵《こうりょう》で野球《やきゅう》をしたい」「中井監督《なかいかんとく》のもとでがんばりたい」という選手《せんしゅ》ばかりが集《あつ》まってくる。入部《にゅうぶ》するための実技試験《じつぎしけん》などはとくになく、やる気《き》さえあれば、野球《やきゅう》の上手《じょうず》・下手《へた》は関係《かんけい》なく、誰《だれ》でも入部《にゅうぶ》することが可能《かのう》だ。

結果的《けっかてき》に部員《ぶいん》の数《かず》はいつも多《おお》く、ほとんどが寮生活《りょうせいかつ》。親《おや》の負担《ふたん》を少《すこ》しでもへらそうと中《なか》井監督《いかんとく》が考《かんが》えた広陵《こうりょう》の伝統《でんとう》が、先輩《せんぱい》から後輩《こうはい》へ、練習用《れんしゅうよう》ユニフォームを受《う》けついでいくこと。広陵《こうりょう》グラウンドでは、いくつもの名前《なまえ》がマジックで書《か》いてあるユニフォームで練習《れんしゅう》する生徒《せいと》たちばかり。このことを通《つう》じて「物《もの》を大切《たいせつ》にするこころ」もやしなっている。

主《おも》な卒《そつ》業《ぎょう》生《せい》

金本知憲《かねもとともあき》　1986年度卒業
元・阪神タイガース他（外野手）

上本博紀《うえもとひろき》　2004年度卒業
現・阪神タイガース（内野手）

藤川俊介《ふじかわしゅんすけ》　2005年度卒業
現・阪神タイガース（外野手）

吉川光夫《よしかわみつお》　2006年度卒業
現・読売ジャイアンツ（投手）

野村祐輔《のむらゆうすけ》　2007年度卒業
現・広島東洋カープ（投手）

小林誠司《こばやしせいじ》　2007年度卒業
現・読売ジャイアンツ（捕手）

中田 廉《なかたれん》　2008年度卒業
現・広島東洋カープ（投手）

有原航平《ありはらこうへい》　2010年度卒業
現・北海道日本ハムファイターズ（投手）

上原健太《うえはらけんた》　2011年度卒業
現・北海道日本ハムファイターズ（投手）

中村奨成《なかむらしょうせい》　2017年度卒業
現・広島東洋カープ（捕手）

「広陵《こうりょう》野球部《やきゅうぶ》は大《おお》きな家族《かぞく》」

そんな中井監督《なかいかんとく》をささえるのが、球児《きゅうじ》たちから母《はは》のように慕《した》われている、妻《つま》の由美《ゆみ》さん。毎年《まいとし》、こどもの日《ひ》、クリスマス、バレンタインにはかならず、選手全員《せんしゅぜんいん》にメッセージつきのお菓子《かし》を差《さ》しいれるのが恒例行事《こうれいぎょうじ》。卒業《そつぎょう》したあとも、選手《せんしゅ》たちとの交流《こうりゅう》はつづくという。

また、2017年《ねん》からは広陵《こうりょう》の卒業生《そつぎょうせい》で、中井監督《なかいかんとく》の息子《むすこ》でもある惇一《じゅんいち》氏《し》が野球部副部長《やきゅうぶふくぶちょう》に就任《しゅうにん》。「広陵野球部《こうりょうやきゅうぶ》は大《おお》きな家族《かぞく》」と語《かた》る中井監督《なかいかんとく》だが、まさに家族《かぞく》ぐるみで野球部《やきゅうぶ》のための生活《せいかつ》を送《おく》っている。めざすは、夏《なつ》の甲子園《こうしえん》で悲願《ひがん》の初優勝《はつゆうしょう》をはたすこと。今日《きょう》も広陵《こうりょう》グラウンドでは、いくつもの名前《なまえ》が書《か》かれたユニフォームを着《き》た球児《きゅうじ》たちと、中井監督家族《なかいかんとくかぞく》が奮闘《ふんとう》をつづけている。

北《きた》の大地《だいち》から夏《なつ》2連覇《れんぱ》の偉業達成《いぎょうたっせい》

駒澤大学附属《こまざわだいがくふぞく》苫小牧高校《とまこまいこうこう》（南北海道《みなみほっかいどう》）

夏：2004年、2005年優勝

雪上《せつじょう》ノックでつかんだ北海道勢初優勝《ほっかいどうぜいはつゆうしょう》

雪《ゆき》の影響《えいきょう》で実戦練習《じっせんれんしゅう》できる期間《きかん》が短《みじか》い雪国《ゆきぐに》の高校《こうこう》は、甲子園《こうしえん》では勝《か》てない……そんな「定説《ていせつ》」を打《う》ちやぶったのが駒大苫小牧《こまだいとまこまい》（南北海道《みなみほっかいどう》）だ。２００４年《ねん》、夏《なつ》の甲子園《こうしえん》で初優勝《はつゆうしょう》。関東《かんとう》より北《きた》にある高校《こうこう》が優勝《ゆうしょう》したのは、春《はる》、夏《なつ》の大会《たいかい》を通《つう》じてはじめての偉業《いぎょう》だった。

では、どうやって強《つよ》くなることができたのか？　キッカケのひとつが１９９５年《ねん》に赴任《ふにん》した香田誉士史監督《こうだよしふみかんとく》のはじめた「雪上《せつじょう》ノック」。かたくふみしめた雪《ゆき》の上《うえ》でノックをすれば、打球《だきゅう》は速《はや》く、そしてバウンドは不規則《ふきそく》に。この練習《れんしゅう》をとおして守備力《しゅびりょく》がアップしただ

主《おも》な卒《そつ》業《ぎょう》生《せい》

田中将大《たなかまさひろ》 2006年度卒業
現・ニューヨーク・ヤンキース(投手)

大累《おおるい》 進《すすむ》 2008年度卒業
現・北海道日本ハムファイターズ(内野手)

けでなく足腰《あしこし》も強《つよ》くなり、バランスもよくなった駒大苫《こまだいとま》小牧《こまい》ナイン。香田《こうだ》監督《かんとく》がやってきてからちょうど10年目《ねんめ》の夏《なつ》、念願《ねんがん》の甲子園《こうしえん》初勝利《はつしょうり》をかざると、強豪校《きょうごうこう》をつぎつぎに倒《たお》して一気《いっき》に頂点《ちょうてん》に立《た》ったのだ。雪上《せつじょう》ノックできたえられたナインは5試合《しあい》でわずか1失策《しっさく》。足腰《あしこし》が強《つよ》くなったおかげか打撃力《だげきりょく》もすさまじく、チーム打率《だりつ》4割《わり》4分《ぶ》8厘《りん》はいまも大会最高打率《たいかいさいこうだりつ》だ。

駒大苫小牧《こまだいとまこまい》は、翌年夏《よくとしなつ》に連覇《れんぱ》を達成《たっせい》。つづく2006年夏《ねんなつ》は決勝《けっしょう》で敗《やぶ》れ、夏《なつ》3連覇《れんぱ》とはならなかったが、この3年間《ねんかん》、高校野球《こうこうやきゅう》は駒大苫小牧《こまだいとまこまい》を中心《ちゅうしん》にまわっていた。

現在《げんざい》は、初優勝《はつゆうしょう》したときのキャプテンだった佐々木孝《さ さ き こう》介監督《すけかんとく》にバトンタッチ。2メートルの特製《とくせい》バットを使《つか》った素《す》ぶりなど、雪国《ゆきぐに》の学校《がっこう》でも強《つよ》くなる工夫《くふう》をかさねつづけている。

史上初《しじょうはつ》の春夏連覇達成《はるなつれんぱたっせい》チーム

作新学院高校《さくしんがくいんこうこう》（栃木《とちぎ》）

春：1962年優勝
夏：1962年、2016年優勝

低迷期《ていめいき》からの復活《ふっかつ》をはたした栃木《とちぎ》の雄《ゆう》

甲子園《こうしえん》の歴史《れきし》ではじめて「春夏連覇《はるなつれんぱ》」を成《な》しとげたのが、栃木《とちぎ》の作新学院《さくしんがくいん》だ。1962年《ねん》、春《はる》のセンバツでは八木沢荘六《やぎさわそうろく》投手《とうしゅ》（元《もと》・ロッテ）が快投《かいとう》を演《えん》じ、夏《なつ》の甲子園《こうしえん》では病気《びょうき》で試合《しあい》にでられない八木沢《やぎさわ》投手《とうしゅ》に代《か》わって加藤斌《かとうたけし》投手《とうしゅ》（元《もと》・中日《ちゅうにち》）が活躍《かつやく》し、史上初《しじょうはつ》の快挙《かいきょ》を達成《たっせい》した。また、1973年《ねん》には「怪物《かいぶつ》」「高校野球史上最強投手《こうこうやきゅうしじょうさいきょうとうしゅ》」と呼《よ》ばれた江川《えがわ》卓《すぐる》投手《とうしゅ》（元《もと》・巨人《きょじん》）の奪三振《だつさんしん》ショーで甲子園《こうしえん》をにぎわせるなど、野球名門校《やきゅうめいもんこう》としての地位《ちい》をきずきあげた。

主《おも》な卒《そつ》業《ぎょう》生《せい》

島野育夫《しまのいくお》 1961年度卒業
元・阪神タイガース他（外野手）

八木沢荘六《やぎさわそうろく》 1962年度卒業
元・ロッテオリオンズ（投手）

加藤 斌《かとうたけし》 1962年度卒業
元・中日ドラゴンズ（投手）

江川 卓《えがわすぐる》 1973年度卒業
元・読売ジャイアンツ（投手）

落合英二《おちあいえいじ》 1988年度卒業
元・中日ドラゴンズ（投手）

岡田幸文《おかだよしふみ》 2002年度卒業
現・千葉ロッテマリーンズ（外野手）

石井一成《いしいかずなり》 2012年度卒業
現・北海道日本ハムファイターズ（内野手）

今井達也《いまいたつや》 2016年度卒業
現・埼玉西武ライオンズ（投手）

ところが、１９８０年以降《いこう》は低迷《ていめい》。春《はる》は21年《ねん》、夏《なつ》は31年《ねん》も甲子園《こうしえん》にでられない低迷期《ていめいき》に突入《とつにゅう》してしまう。そんな作新学院《さくしんがくいん》を復活《ふっかつ》させたのが小針崇宏監督《こばりたかひろかんとく》。作新学院《さくしんがくいん》でプレーしていた18歳《さい》のときから「将来《しょうらい》の監督《かんとく》になる男《おとこ》」と期待《きたい》され、２００６年《ねん》に23歳《さい》の若《わか》さで監督《かんとく》に就任《しゅうにん》。２００９年夏《ねんなつ》には26歳《さい》で甲子園出場《こうしえんしゅつじょう》をはたし、「史上最年少甲子園監督《しじょうさいねんしょうこうしえんかんとく》」として話題《わだい》を集《あつ》めた。

その後《ご》、送《おく》りバントが少《すく》ない「超攻撃型野球《ちょうこうげきがたやきゅう》」、選手《せんしゅ》の自主性《じしゅせい》を大事《だいじ》にする「やらされる練習《れんしゅう》より、やる練習《れんしゅう》」で甲子園常連校《こうしえんじょうれんこう》へと復活《ふっかつ》。２０１６年夏《ねんなつ》の甲子園《こうしえん》では、今井達也投手《いまいたつやとうしゅ》（現《げん》・西武《せいぶ》）の活躍《かつやく》で54年《ねん》ぶりの全国《ぜんこく》制覇《せいは》を達成《たっせい》した。小針監督《こばりかんとく》が就任《しゅうにん》してから11年《ねん》で、甲子《こうし》園出場《えんしゅつじょう》ははやくも10回《かい》。あらたな黄金時代《おうごんじだい》をむかえつつある。

日《に》本《ほん》大《だい》学《がく》第《だい》三《さん》高《こう》校《こう》（西《にし》東《とう》京《きょう》）

豪打《ごうだ》で甲子園《こうしえん》を圧倒《あっとう》する〝東《ひがし》の横綱《よこづな》〟

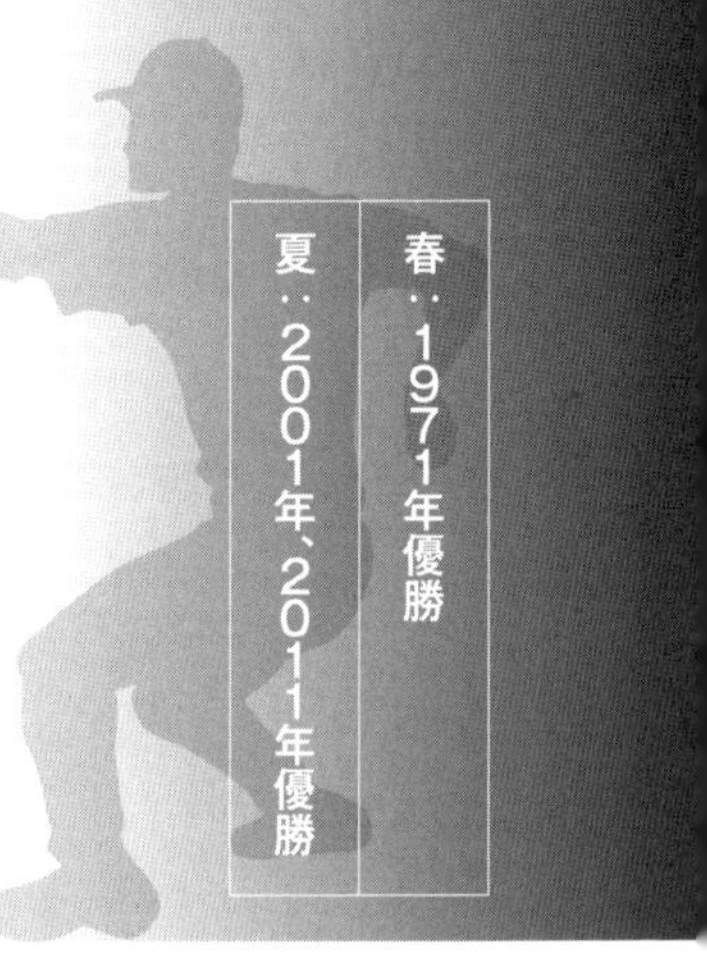

春：1971年優勝
夏：2001年、2011年優勝

〝地獄《じごく》の冬合宿《ふゆがっしゅく》〟でつくりあげた〝甲子園史上最強打線《こうしえんしじょうさいきょうだせん》〟

これまでの甲子園出場実績《こうしえんしゅつじょうじっせき》は春《はる》20回《かい》、夏《なつ》16回《かい》。全国制覇《ぜんこくせいは》は春《はる》1回《かい》、夏《なつ》2回《かい》をほこり、早《わ》稲田実《せだじつ》とともに東京《とうきょう》を代表《だいひょう》する野球名門校《やきゅうめいもんこう》といえるのが日大三《にちだいさん》（西東京《にしとうきょう》）だ。

戦前《せんぜん》から甲子園出場《こうしえんしゅつじょう》をかさねてきた伝統校《でんとうこう》だが、1997年《ねん》に小倉全由監督《おぐらまさよしかんとく》が指導《しどう》するようになってからのイメージは「豪打《ごうだ》の日大三《にちだいさん》」。2001年《ねん》夏《なつ》の甲子園《こうしえん》では、甲子園歴《こうしえんれき》代最高記録《だいさいこうきろく》（当時《とうじ》）となるチーム打率《だりつ》4割《わり》2分《ぶ》7厘《りん》を記録《きろく》する強力打線《きょうりょくだせん》で全国制覇《ぜんこくせいは》を達成《たっせい》。

2011年《ねん》夏《なつ》の甲子園《こうしえん》では、4番《ばん》の横尾俊建選手《よこおとしたけせんしゅ》（現《げん》・日本《にっぽん》ハム）、5番《ばん》の高山俊選手《たかやましゅんせんしゅ》

主《おも》な卒《そつ》業《ぎょう》生《せい》

関谷亮太《せきやりょうた》　2009年度卒業
現・千葉ロッテマリーンズ（投手）

山崎福也《やまさきさちや》　2010年度卒業
現・オリックス・バファローズ（投手）

高山俊《たかやましゅん》　2011年度卒業
現・阪神タイガース（外野手）

横尾俊建《よこおとしたけ》　2011年度卒業
現・北海道日本ハムファイターズ（内野手）

坂倉将吾《さかくらしょうご》　2016年度卒業
現・広島東洋カープ（捕手）

櫻井周斗《さくらいしゅうと》　2017年度卒業
現・横浜DeNAベイスターズ（投手）

（現《げん》・阪神《はんしん》）たちを中心《ちゅうしん》に、大会《たいかい》6試合《しあい》で61点《てん》をマーク。全試合《ぜんしあい》で2ケタ安打《あんだ》を記録《きろく》し、「甲子園史上最強打線《こうしえんしじょうさいきょうだせん》」とも呼《よ》ばれた。

また、日大三《にちだいさん》といえば、年末恒例《ねんまつこうれい》「地獄《じごく》の冬合宿《ふゆがっしゅく》」があまりにも有名《ゆうめい》。朝《あさ》5時《じ》には起《お》きて6時《じ》から練習《れんしゅう》スタート。2週間《しゅうかん》、とことん野球漬《やきゅうづ》けの毎日《まいにち》をすごす。多《おお》くの選手《せんしゅ》が「この合宿《がっしゅく》ほど野球《やきゅう》をしていてつらいことはなかった」と語《かた》るほどのきびしさだ。

合宿最終日《がっしゅくさいしゅうび》には卒業生《そつぎょうせい》や選手《せんしゅ》の家族《かぞく》も夜明《よあ》け前《まえ》から集《あつ》まり、涙《なみだ》を流《なが》しながら練習《れんしゅう》を見守《みまも》る。そんな家族《かぞく》や先輩《せんぱい》の前《まえ》で、合宿《がっしゅく》の締《し》めくくりは、ゆずの「栄光《えいこう》の架橋《かけはし》」の曲《きょく》を聞《き》きながらのダッシュ。この合宿《がっしゅく》をのりこえることで、真《しん》の日大三野球部員《にちだいさんやきゅうぶいん》になることができるのだ。

高校球界《こうこうきゅうかい》きっての攻撃野球《こうげきやきゅう》でつっ走《ばし》る

東《とう》海《かい》大《だい》学《がく》付《ふ》属《ぞく》相模《さがみ》高《こう》校《こう》（神奈川《かながわ》）

春：2000年、2011年優勝
夏：1970年、2015年優勝

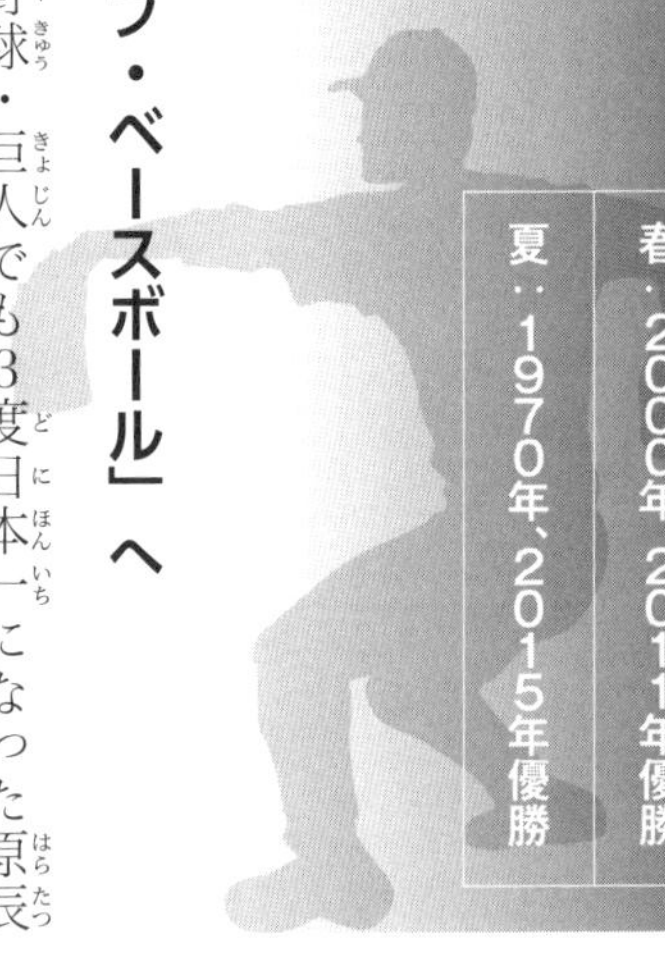

「攻撃《こうげき》は最大《さいだい》の防御《ぼうぎょ》」から「アグレッシブ・ベースボール」へ

日本代表《にほんだいひょう》・侍《さむらい》ジャパンの監督《かんとく》をつとめ、プロ野球《やきゅう》・巨人《きょじん》でも3度《ど》日本一《にほんいち》になった原《はら》辰《たつ》徳《のり》元《もと》監督《かんとく》。その父《ちち》、原貢《はらみつぐ》さんも、高校野球《こうこうやきゅう》の歴史《れきし》を代表《だいひょう》する名監督《めいかんとく》。東海大相模《とうかいだいさがみ》（神奈《かな》川《がわ》）の監督時代《かんとくじだい》には、「攻撃《こうげき》は最大《さいだい》の防御《ぼうぎょ》」をモットーに、甲子園《こうしえん》に春《はる》・夏《なつ》8回出場《かいしゅつじょう》。優《ゆう》勝《しょう》1回《かい》（1970年夏《ねんなつ》）、準優勝《じゅんゆうしょう》1回《かい》（1975年春《ねんはる》）と、名門校《めいもんこう》への基礎《きそ》をつくった。

現在《げんざい》、この東海大相模《とうかいだいさがみ》を指導《しどう》するのは、原貢監督《はらみつぐかんとく》の教《おし》え子《ご》、門馬敬治監督《もんまけいじかんとく》。原野球《はらやきゅう》の教《おし》えをベースに、より攻撃的《こうげきてき》な「アグレッシブ・ベースボール」をテーマにかかげている。

主《おも》な卒《そつ》業《ぎょう》生《せい》

原《はら》 辰徳《たつのり》 1976年度卒業
元・読売ジャイアンツ（内野手）

菅野智之《すがのともゆき》 2007年度卒業
現・読売ジャイアンツ（投手）

田中広輔《たなかこうすけ》 2007年度卒業
現・広島東洋カープ（内野手）

大田泰示《おおたたいし》 2008年度卒業
現・北海道日本ハムファイターズ（外野手）

大城卓三《おおしろたくみ》 2010年度卒業
現・読売ジャイアンツ（捕手）

田中俊太《たなかしゅんた》 2011年度卒業
現・読売ジャイアンツ（内野手）

菅野剛士《すがのつよし》 2011年度卒業
現・千葉ロッテマリーンズ（外野手）

小笠原慎之介《おがさわらしんのすけ》 2015年度卒業
現・中日ドラゴンズ（投手）

吉田 凌《よしだりょう》 2015年度卒業
現・オリックス・バファローズ（投手）

１９９９年《ねん》に29歳《さい》の若《わか》さで監督《かんとく》になると、就任《しゅうにん》２年目《ねんめ》の２０００年《ねん》にははやくもセンバツ優勝《ゆうしょう》を達成《たっせい》。以降《いこう》、２０１１年春《ねんはる》、２０１５年夏《ねんなつ》と、すでに３度《ど》も優勝《ゆうしょう》を経験《けいけん》。また、菅野智之投手《すがのともゆきとうしゅ》（現《げん》・巨人《きょじん》）や田中広輔選手《たなかこうすけせんしゅ》（現《げん》・広島《ひろしま》）、２０１５年夏《ねんなつ》の全国制覇《ぜんこくせいは》の立役者《たてやくしゃ》、小笠原《おがさわら》慎之介投手《しんのすけとうしゅ》（現《げん》・中日《ちゅうにち》）など、数多《かずおお》くのプロ野球選手《やきゅうせんしゅ》を世《よ》に送《おく》りだしている。

そんな東海大相模《とうかいださがみ》がもっともライバル視《し》しているのが、同《おな》じ神奈川《かながわ》の横浜高校《よこはまこうこう》。選手《せんしゅ》たちの野球《やきゅう》ノートには全選《ぜんせん》手《しゅ》が「打倒《だとう》！ 横浜《よこはま》」と書《か》く時期《じき》があるほどで、実際《じっさい》、ここ数年《すうねん》の夏《なつ》の甲子園《こうしえん》に出場《しゅつじょう》する神奈川代表《かながわだいひょう》は、ほとんどが横浜《よこはま》か東海大相模《とうかいださがみ》。はげしいライバル関係《かんけい》が両校《りょうこう》をさらに強《つよ》くし、神奈川《かながわ》の野球熱《やきゅうねつ》をより高《たか》めているのだ。

史上唯一《しじょうゆいいつ》の夏《なつ》3連覇《れんぱ》に春夏優勝《はるなつゆうしょう》11回《かい》の〝絶対王者《ぜったいおうじゃ》〟

中京《ちゅうきょう》大学《だいがく》附属《ふぞく》中京《ちゅうきょう》高校《こうこう》（愛知《あいち》）

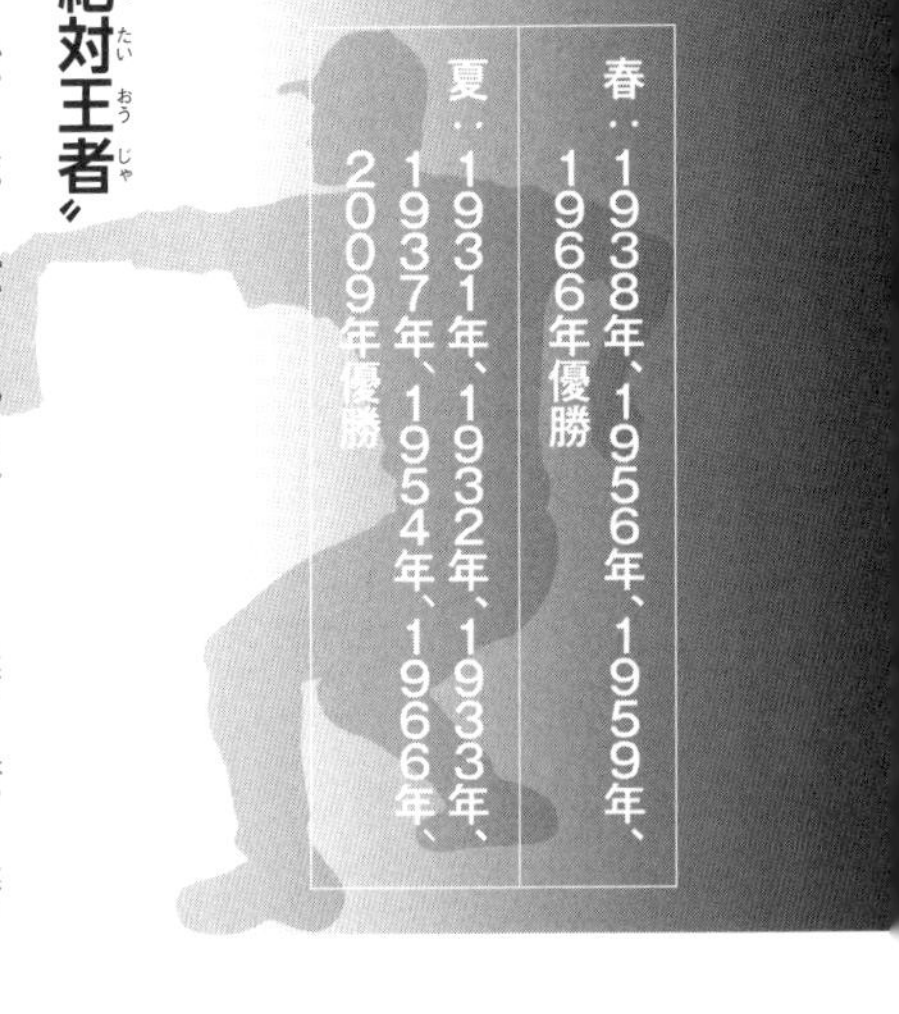

春：1938年、1956年、1959年、1966年優勝

夏：1931年、1932年、1933年、1937年、1954年、1966年、2009年優勝

球界《きゅうかい》のリーダーを生《う》みだす〝甲子園《こうしえん》の絶対王者《ぜったいおうじゃ》〟

甲子園《こうしえん》での通算優勝回数《つうさんゆうしょうかいすう》は歴代《れきだい》1位《い》の11回《かい》（春《はる》4回《かい》、夏《なつ》7回《かい》）。通算《つうさん》133勝《しょう》（春《はる》55勝《しょう》、夏《なつ》78勝《しょう》）も断《だん》トツの1位《い》。甲子園《こうしえん》の絶対王者《ぜったいおうじゃ》、ともいえるのが中京大中京《ちゅうきょうだいちゅうきょう》（愛知《あいち》）だ。

甲子園初登場《こうしえんはつとうじょう》は1931年《ねん》春《はる》のセンバツ。この大会《たいかい》で準優勝《じゅんゆうしょう》すると、同《おな》じ年《とし》の夏《なつ》の甲子《こうし》園《えん》から史上初《しじょうはつ》にして史上唯一《しじょうゆいいつ》の「夏《なつ》3連覇《れんぱ》」という大偉業《だいいぎょう》も達成《たっせい》している。

また、この夏《なつ》3連覇《れんぱ》の戦《たたか》いのなかで伝説《でんせつ》として語《かた》りつがれているのが、1933年《ねん》8月《がつ》19日《にち》におこなわれた明石中《あかしちゅう》（兵庫《ひょうご》）との試合《しあい》。両校《りょうこう》のエースが相手打線《あいてだせん》をまったく寄《よ》せつ

主《おも》な卒《そつ》業《ぎょう》生《せい》

吉田正男《よしだまさお》 1933年度卒業
※夏3連覇のエース。甲子園史上最多23勝

紀藤真琴《きとうまこと》 1983年度卒業
元・広島東洋カープ他（投手）

稲葉篤紀《いなばあつのり》 1990年度卒業
元・北海道日本ハムファイターズ他（内・外野手）

嶋 基宏《しまもとひろ》 2002年度卒業
現・東北楽天ゴールデンイーグルス（捕手）

伊藤隼太《いとうはやた》 2007年度卒業
現・阪神タイガース（外野手）

堂林翔太《どうばやししょうた》 2009年度卒業
現・広島東洋カープ（内・外野手）

磯村嘉孝《いそむらよしたか》 2010年度卒業
現・広島東洋カープ（捕手）

伊藤康祐《いとうこうすけ》 2017年度卒業
現・中日ドラゴンズ（内・外野手）

けず、スコアボードの得点表示《とくてんひょうじ》はずっと0のまま。当時《とうじ》はまだ引《ひ》き分《わ》け再試合《さいしあい》のルールがなかったため、決着《けっちゃく》がつくまで延長《えんちょう》25回《かい》を戦《たたか》いつづけた。中京商《ちゅうきょうしょう》、中京《ちゅうきょう》と、校《こう》名《めい》は時代《じだい》とともにかわってきたが、高校野球《こうこうやきゅう》の歴史《れきし》を語《かた》るうえで、はずすことができない超伝統校《ちょうでんとうこう》なのだ。

平成《へいせい》の時代《じだい》にはいっても全国的《ぜんこくてき》な強豪校《きょうごうこう》としてバツグンの知名度《ちめいど》をほこる中京大中京《ちゅうきょうだいちゅうきょう》。日本代表《にほんだいひょう》・侍《さむらい》ジャパンの稲葉篤紀監督《いなばあつのりかんとく》、侍《さむらい》ジャパンでキャプテンをつとめたこともある嶋基宏選手《しまもとひろせんしゅ》（現《げん》・楽天《らくてん》）など、球界《きゅうかい》のリーダーもこの学校《がっこう》から数多《かずおお》く巣立《すだ》っている。

最近《さいきん》では2009年夏《ねんなつ》に全国制覇《ぜんこくせいは》。投手《とうしゅ》を中心《ちゅうしん》としたかたい守《まも》りで相手《あいて》の攻撃《こうげき》をしのぎ、足《あし》や小技《こわざ》もからめた攻撃《こうげき》で得点《とくてん》をかさねる中京野球《ちゅうきょうやきゅう》は、いつの時代《じだい》も相手《あいて》にとって脅威《きょうい》なのだ。

春《はる》夏《なつ》73回《かい》。甲子園出場回数《こうしえんしゅつじょうかいすう》ナンバーワンの超名門《ちょうめいもん》

龍谷大学付属《りゅうこくだいがくふぞく》平安高校《へいあんこうこう》（京都《きょうと》）

春：2014年優勝
夏：1938年、1951年、1956年優勝

“日本一《にほんいち》のウォーミングアップ”でつかんだ歴代最多出場《れきだいさいたしゅつじょう》

甲子園出場回数《こうしえんしゅつじょうかいすう》は、春《はる》40回《かい》、夏《なつ》33回《かい》。計《けい》73回出場《かいしゅつじょう》は全国歴代《ぜんこくれきだい》1位《い》。高校野球界《こうこうやきゅうかい》を長年《ながねん》にわたってひっぱってきた超名門校《ちょうめいもんこう》が龍谷大平安《りゅうこくだいへいあん》（京都《きょうと》）だ。

もちろん、ただ甲子園《こうしえん》にでるだけで満足《まんぞく》はしない。夏《なつ》に3度《ど》、春《はる》に1度《ど》の甲子園優勝《こうしえんゆうしょう》を経験《けいけん》。２０１４年《ねん》のセンバツ優勝《ゆうしょう》が記憶《きおく》にあたらしい。甲子園通算勝利数《こうしえんつうさんしょうりすう》は99勝《しょう》（春《はる》40勝《しょう》、夏《なつ》59勝《しょう》）で、全国《ぜんこく》1位《い》の中京大中京《ちゅうきょうだいちゅうきょう》（１３３勝《しょう》）につぐ全国《ぜんこく》２位《い》。史上《しじょう》２校目《こうめ》の１００勝《しょう》到達《とうたつ》まであと1勝《しょう》にせまっている。

主《おも》な卒《そつ》業《ぎょう》生《せい》

衣笠祥雄《きぬがささちお》 1964年度卒業
元・広島東洋カープ（内野手）

桧山進次郎《ひやましんじろう》 1987年度卒業
元・阪神タイガース（内・外野手）

川口知哉《かわぐちともや》 1997年度卒業
元・オリックス・ブルーウェーブ（投手）

赤松真人《あかまつまさと》 2000年度卒業
現・広島東洋カープ（外野手）

今浪隆博《いまなみたかひろ》 2002年度卒業
現・東京ヤクルトスワローズ（内野手）

炭谷銀仁朗《すみたにぎんじろう》 2005年度卒業
現・埼玉西武ライオンズ（捕手）

酒居知史《さかいともひと》 2010年度卒業
現・千葉ロッテマリーンズ（投手）

高橋大樹《たかはしひろき》 2012年度卒業
現・広島東洋カープ（外野手）

高橋奎二《たかはしけいじ》 2015年度卒業
現・東京ヤクルトスワローズ（投手）

野球部《やきゅうぶ》創部《そうぶ》は１９０８年《ねん》。かつて「平安《へいあん》」だった歴史《れきし》ある校名《こうめい》は、２００８年《ねん》からいまの「龍谷大平安《りゅうこくだいへいあん》」に。それでも、ユニフォームの文字《もじ》はかたくなに「ＨＥＩＡＮ《へいあん》」のまま。誰《だれ》よりもこのユニフォームにほこりを持《も》っているのが、自分自身《じぶんじしん》も少年時代《しょうねんじだい》から平安《へいあん》ファンだったという原田英彦監督《はらだひでひこかんとく》だ。

龍谷大平安《りゅうこくだいへいあん》には西日本《にしにほん》を中心《ちゅうしん》に全国《ぜんこく》から素質《そしつ》のある選手《せんしゅ》がそろうが、大事《だいじ》なのはあくまでも基本《きほん》。毎日《まいにち》のウォーミングアップに１時間《じかん》かけることから「日本一《にほんいち》のウォーミングアップ」とも呼《よ》ばれ、そのあとの練習《れんしゅう》でも、キャッチボールを土台《どだい》に守備力《しゅびりょく》と洞察力《どうさつりょく》を高《たか》めるのが原田監督《はらだかんとく》の指導方針《しどうほうしん》だ。１１０年《ねん》の歴史《れきし》をほこる野球部《やきゅうぶ》がつぎにめざすのは、節目《ふしめ》の甲子園《こうしえん》１００勝《しょう》。そして５度目《どめ》の全国制覇《ぜんこくせいは》だ。

最強監督《さいきょうかんとく》が〝仁王立《におうだ》ち〟で選手《せんしゅ》をふるいたたせて優勝《ゆうしょう》3回《かい》

智弁和歌山高校《ちべんわかやまこうこう》（和歌山《わかやま》）

春：１９９４年優勝
夏：１９９７年、２０００年優勝

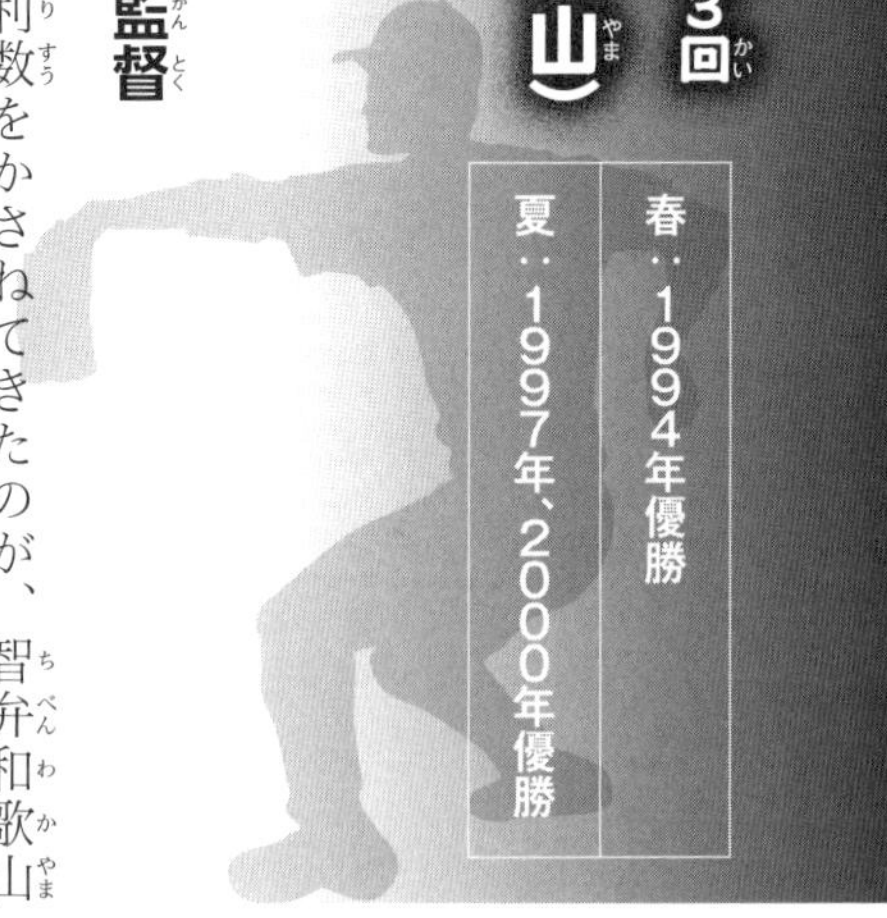

高校球界《こうこうきゅうかい》に仁王立《におうだ》ち。甲子園歴代最多勝監督《こうしえんれきだいさいたしょうかんとく》

歴代《れきだい》の高校野球《こうこうやきゅう》の監督《かんとく》でもっとも甲子園《こうしえん》での勝利数《しょうりすう》をかさねてきたのが、智弁和歌山《ちべんわかやま》（和歌山《わかやま》）の高嶋仁監督《たかしまひとしかんとく》だ。智弁学園《ちべんがくえん》（奈良《なら》）で指導者《しどうしゃ》の道《みち》をスタートさせ、春夏《はるなつ》あわせて7勝《しょう》。１９８０年《ねん》から指導《しどう》する智弁和歌山《ちべんわかやま》では春《はる》・夏《なつ》34回《かい》甲子園《こうしえん》に出場《しゅつじょう》し、２０１８年《ねん》春《はる》のセンバツ終了時点《しゅうりょうじてん》で甲子園《こうしえん》61勝《しょう》。2校《こう》あわせて68勝《しょう》。これはダントツの歴代《れきだい》1位《い》だ。

ベンチ前《まえ》で仁王立《におうだ》ちして試合状況《しあいじょうきょう》を見守《みまも》る姿《すがた》は、もはや甲子園名物《こうしえんめいぶつ》ともいえる。

ただ、そんな名将《めいしょう》もはじめからずっと勝《か》てていたわけではない。智弁和歌山《ちべんわかやま》では初出場《はつしゅつじょう》

主《おも》な卒《そつ》業《ぎょう》生《せい》

中谷《なかたに》 仁《じん》 1997年度卒業
元・阪神タイガース他（捕手）※現・智弁和歌山コーチ

武内晋一《たけうちしんいち》 2001年度卒業
現・東京ヤクルトスワローズ（内・外野手）

岡田俊哉《おかだとしや》 2009年度卒業
現・中日ドラゴンズ（投手）

西川遥輝《にしかわはるき》 2010年度卒業
現・北海道日本ハムファイターズ（内・外野手）

の1985年《ねん》から5連敗《れんぱい》。このときは、ベンチのすみで座《すわ》って試合《しあい》に挑《いど》んでいた高嶋監督《たかしまかんとく》。なにかを変《か》えなければとベンチ前《まえ》で仁王立《におうだ》ちして試合《しあい》に挑《いど》んだ1993年夏《ねんなつ》の甲子園《こうしえん》で初勝利《はつしょうり》。ここから、高嶋監督《たかしまかんとく》の仁王立《におうだ》ちスタイルが生《う》まれたのだ。

いまでは、春《はる》の優勝《ゆうしょう》1回《かい》（1994年《ねん》）、夏《なつ》の優勝《ゆうしょう》2回《かい》（1997年《ねん》、2000年《ねん》）を数《かぞ》える智弁和歌山《ちべんわかやま》。2006年《ねん》以降《いこう》ベスト4《フォー》にものこれない日々《ひび》がつづいたが、2018年《ねん》のセンバツで久《ひさ》しぶりの準優勝《じゅんゆうしょう》。70歳《さい》を超《こ》えても、高嶋監督《たかしまかんとく》の仁王立《におうだ》ちスタイルは健在《けんざい》だ。

また、智弁和歌山《ちべんわかやま》といえば、甲子園《こうしえん》のスタンドで奏《かな》でるブラスバンド応援《おうえん》も人気《にんき》。これもまた、毎年《まいとし》のように甲子園《こうしえん》に出場《しゅつじょう》しつづけることでつくりあげてきた伝統《でんとう》のひとつといえる。

甲子園《こうしえん》初戦《しょせん》20連勝《れんしょう》した勝負強《しょうぶづよ》い強豪校《きょうごうこう》

明徳義塾高校《めいとくぎじゅくこうこう》（高知《こうち》）

夏：2002年優勝

驚異的《きょういてき》な「甲子園初戦連勝記録《こうしえんしょせんれんしょうきろく》」

野球《やきゅう》どころ四国《しこく》を代表《だいひょう》する「甲子園常連校《こうしえんじょうれんこう》」といえば、高知《こうち》の明徳義塾《めいとくぎじゅく》だ。これまでに春《はる》18回《かい》、夏《なつ》19回《かい》の甲子園出場回数《こうしえんしゅつじょうかいすう》をほこるが、ただでるだけでなく、毎年《まいとし》のようにしっかり勝利《しょうり》をかさねている。2002年《ねん》夏《なつ》の甲子園《こうしえん》での優勝以外《ゆうしょういがい》にも、春《はる》はベスト8《エイト》以上《いじょう》が8回《かい》、夏《なつ》はベスト8《エイト》以上《いじょう》が5回《かい》という安定感《あんていかん》。さらにすごいのが「甲子園初戦連勝記録《こうしえんしょせんれんしょうきろく》」で、1984年《ねん》の夏《なつ》に甲子園初出場《こうしえんはつしゅつじょう》をはたしてから2015年《ねん》の夏《なつ》の甲子園大会《こうしえんたいかい》で負《ま》けるまで、大会《たいかい》さいしょの試合《しあい》で16連勝《れんしょう》。春《はる》もあわせると20連勝《れんしょう》という記録《きろく》をつくっている。

主《おも》な卒《そつ》業《ぎょう》生《せい》

河野博文《こうのひろふみ》　1980年度卒業
元・読売ジャイアンツ他（投手）

町田公二郎《まちだこうじろう》　1987年度卒業
元・広島東洋カープ他（内・外野手）

森岡良介《もりおかりょうすけ》　2002年度卒業
元・中日ドラゴンズ他（内野手）

伊藤《いとう》 光《ひかる》　2007年度卒業
現・オリックス・バファローズ（捕手、内野手）

そんな明徳義塾《めいとくぎじゅく》をひきいるのは馬淵史郎監督《まぶちしろうかんとく》。常《つね》に勝利《しょうり》の可能性《かのうせい》を少《すこ》しでもあげることに頭《あたま》をフル回転《かいてん》。その結果《けっか》、1992年夏《ねんなつ》の甲子園《こうしえん》では、のちのメジャーリーガー松井秀喜選手《まついひできせんしゅ》を「5打席連続敬遠《だせきれんぞくけいえん》」するというとんでもない作戦《さくせん》を実行《じっこう》し、大《おお》きな批判《ひはん》をあびたことも。ただ、チームのことを最優先《さいゆうせん》に考《かんが》えてくれる馬淵監督《まぶちかんとく》への生徒《せいと》たちの信頼《しんらい》は絶大《ぜつだい》。2017年秋《ねんあき》、高校野球《こうこうやきゅう》のもうひとつのビッグタイトル「明治神宮野球大会《めいじじんぐうやきゅうたいかい》」の期《き》間中《かんちゅう》、母親《ははおや》が亡《な》くなっても大会《たいかい》を優先《ゆうせん》して家《いえ》に帰《かえ》らなかった馬淵監督《まぶちかんとく》。このとき、明徳義塾《めいとくぎじゅく》の選手《せんしゅ》たちは「監《かん》督《とく》さんを勝《か》たせて男《おとこ》にしよう」とふるいたち、見事《みごと》に優《ゆう》勝《しょう》を手《て》にしている。その団結力《だんけつりょく》を武器《ぶき》に、めざすはセンバツでの初優勝《はつゆうしょう》。そして、夏《なつ》の甲子園《こうしえん》をもう一度《いちど》制《せい》することだ。

コラム④

優勝《ゆうしょう》7回《かい》のレジェンドチームが消《き》えた……

君《きみ》は“最強《さいきょう》のPL《ピーエル》学園《がくえん》”を知《し》っているか!?

消《き》えてしまった最強野球部《さいきょうやきゅうぶ》

2016年《ねん》、ある野球部《やきゅうぶ》の「休部《きゅうぶ》」が発表《はっぴょう》された。春《はる》のセンバツには20回出場《かいしゅつじょう》して優勝《ゆうしょう》3回《かい》。夏《なつ》の甲子園《こうしえん》には17回出場《かいしゅつじょう》して優勝《ゆうしょう》4回《かい》。春夏連覇《はるなつれんぱ》の経験《けいけん》もあり、80人以上《にんいじょう》のプロ野球《やきゅう》選手《せんしゅ》を送《おく》りだしてきた「史上最強《しじょうさいきょう》の野球部《やきゅうぶ》」PL学園《ピーエルがくえん》（大阪《おおさか》）だ。休部《きゅうぶ》になってしまった理由《りゆう》を知《し》る前《まえ》に、まずはその栄光《えいこう》の歴史《れきし》をふりかえってみよう。

甲子園《こうしえん》が沸《わ》いた「逆転《ぎゃくてん》のPL《ピーエル》」

PL学園《ピーエルがくえん》の甲子園初優勝《こうしえんはつゆうしょう》は、1978年夏《ねんなつ》、第《だい》60回大会《かいたいかい》だ。このときのPL《ピーエル》は、準決勝《じゅんけっしょう》では4点差《てんさ》の9回裏《かいうら》に同点《どうてん》に追《お》いつき、延長《えんちょう》でサヨナラ勝《が》ち。つづく決勝戦《けっしょうせん》も0対《たい》2と追《お》いこまれた状況《じょうきょう》から9回裏《かいうら》に3点《てん》をかえし、逆《ぎゃく》転《てん》サヨナラでの劇的《げきてき》な優勝《ゆうしょう》を達成《たっせい》。2試合連《しあいれん》続《ぞく》で9回裏《かいうら》からの大逆転劇《だいぎゃくてんげき》を見《み》せたことから、「逆転《ぎゃくてん》のPL《ピーエル》」と呼《よ》ばれ、人気《にんき》を博《はく》した。

1981年春《ねんはる》のセンバツでも、決勝戦《けっしょうせん》でまたも9回裏《かいうら》に逆転《ぎゃくてん》サヨナラ優勝《ゆうしょう》。「逆転《ぎゃくてん》のPL《ピーエル》」健在《けんざい》を見《み》せつけると、翌年《よくとし》、1982年《ねん》のセンバツは圧倒的《あっとうてき》な打撃力《だげきりょく》でまたも優勝《ゆうしょう》。史上《しじょう》2校目《こうめ》の「春連覇《はるれんぱ》」を達成《たっせい》した。

伝説《でんせつ》の球児《きゅうじ》「ＫＫ《ケーケー》コンビ」

ＰＬ学園《ピーエルがくえん》の名声《めいせい》をさらに絶対的《ぜったいてき》なものにしたのが1983年《ねん》からの戦《たたか》いぶりだ。

この年《とし》のＰＬ《ピーエル》は、1年生《ねんせい》エースの桑田真澄《くわたますみ》投手《とうしゅ》（元《もと》・巨人他《きょじんほか》）と、1年生《ねんせい》4番《ばん》の清原和博《きよはらかず ひろ》選手《せんしゅ》（元《もと》・西武他《せいぶほか》）の活躍《かつやく》で激戦区《げきせんく》の大阪《おおさか》大会《たいかい》を勝《か》ちあがり、夏《なつ》の甲子園《こうしえん》に出場《しゅつじょう》。準決《じゅんけつ》勝《しょう》で対戦《たいせん》したのが池田《いけだ》（徳島《とくしま》）だった。

当時《とうじ》の池田《いけだ》は、史上初《しじょうはつ》の「夏春夏《なつはるなつ》の3季連《きれん》続優勝《ぞくゆうしょう》」をねらっていた優勝候補大本命《ゆうしょうこうほだいほんめい》。エースの水野雄仁《みずのかつひと》投手《とうしゅ》（元《もと》・巨人《きょじん》）と自慢《じまん》の「やまびこ打線《だせん》」はこの大会《たいかい》でも好調《こうちょう》だった。一方《いっぽう》のＰＬ《ピーエル》は、夏《なつ》は5年《ねん》ぶりの出場《しゅつじょう》。しかも、エースと4番《ばん》が1年生《ねんせい》とあって、誰《だれ》もが池田《いけだ》の勝利《しょうり》をうたがわなかった。ところが、終《お》わってみればＰＬ《ピーエル》が7対《たい》0で完封勝利《かんぷうしょうり》。池田《いけだ》自慢《じまん》のやまびこ打線《だせん》は、1年生《ねんせい》エースの前《まえ》に鳴《な》りをひそめてしまったのだ。

ＰＬ《ピーエル》は池田《いけだ》に勝《か》ったいきおいのまま、決勝《けっしょう》でも勝利《しょうり》をおさめ、2度目《どめ》の夏制覇《なつせいは》。桑田投《くわたとう》手《しゅ》と清原選手《きよはらせんしゅ》は「ＫＫ《ケーケー》コンビ」と呼《よ》ばれるようになり、すべての球児《きゅうじ》の目標《もくひょう》となった。そして、彼《かれ》らはその期待《きたい》にこたえつづけた。3年間《ねんかん》で、甲子園優勝《こうしえんゆうしょう》2回《かい》、準優勝《じゅんゆうしょう》2回《かい》。ベスト4《フォー》が1回《かい》。桑田投手《くわたとうしゅ》は史上《しじょう》ふたり目《め》の甲子《こうし》園《えん》20勝投手《しょうとうしゅ》となり、清原選手《きよはらせんしゅ》は甲子園通算最《こうしえんつうさんさい》多記録《たきろく》となるホームラン13本《ぼん》。「甲子園《こうしえん》は清《きよ》原《はら》のためにあるのか!?」という名実況《めいじっきょう》が生《う》まれるほど打《う》ちまくり、伝説《でんせつ》の球児《きゅうじ》となった。

メジャーでも活躍《かつやく》するPL《ピーエル》戦士《せんし》たち

KK《ケーケー》コンビが卒業《そつぎょう》してもPL《ピーエル》は強《つよ》かった。1987年《ねん》には立浪和義《たつなみかずよし》選手《せんしゅ》（元《もと》・中日《ちゅうにち》）、片岡篤史《かたおかあつし》選手《せんしゅ》（元《もと》・日本《にっぽん》ハム他《ほか》）、野村弘樹《のむらひろき》投手《とうしゅ》（元《もと》・横浜《よこはま》）、宮本慎也《みやもとしんや》選手《せんしゅ》（元《もと》・ヤクルト）など、のちにプロ野球《やきゅう》の世界《せかい》でも結果《けっか》をのこすことになる選手《せんしゅ》たちの活躍《かつやく》で史上《しじょう》4校目《こうめ》の春夏連覇《はるなつれんぱ》を達成《たっせい》。1980年代《ねんだい》の高校《こうこう》野球《やきゅう》は、まさにPL《ピーエル》の時代《じだい》だった。

その後《ご》、甲子園《こうしえん》では優勝《ゆうしょう》にこそ手《て》は届《とど》かなかったが、強豪校《きょうごうこう》の地位《ちい》は健在《けんざい》。1998年《ねん》には「平成《へいせい》の怪物《かいぶつ》」松坂大輔《まつざかだいすけ》投手《とうしゅ》（現《げん》・中《ちゅう》日《にち》）がいた横浜《よこはま》（神奈川《かながわ》）と春《はる》と夏《なつ》のどちらも対戦《たいせん》。夏《なつ》の大会《たいかい》では延長《えんちょう》17回《かい》の死闘《しとう》をくりひろげるなど、春夏連覇《はるなつれんぱ》をすることになる横浜《よこはま》をあと一歩《いっぽ》まで追《お》いつめる名勝負《めいしょうぶ》を演《えん》じた。

また、福留孝介《ふくどめこうすけ》選手《せんしゅ》（現《げん》・阪神《はんしん》）、松井稼《まついか》頭央《ずお》選手《せんしゅ》（現《げん》・西武《せいぶ》）、前田健太《まえだけんた》投手《とうしゅ》（現《げん》・ドジャース）と、メジャーリーグでもレギュラーとしてプレーできる選手《せんしゅ》を3人《にん》も送《おく》りだすなど、PL出身選手《ピーエルしゅっしんせんしゅ》たちはプロの世界《せかい》でも大活躍《だいかつやく》をつづけている。

ところが……。

いつか復活《ふっかつ》してほしい、特別《とくべつ》な存在《そんざい》

歯車《はぐるま》がくるいだしたのは、21世紀《せいき》になってから。PL学園《ピーエルがくえん》の野球部員《やきゅうぶいん》による暴力事件《ぼうりょくじけん》など、マイナスイメージになる不祥事《ふしょうじ》が何度《なんど》もつづけて起《お》きてしまったのだ。

最強《さいきょう》・PL学園《ピーエルがくえん》からは前田健太《まえだけんた》（現《げん》・ドジャース）ら多《おお》くの選手《せんしゅ》がプロで活躍《かつやく》した

もともとPL学園《ピーエルがくえん》野球部《やきゅうぶ》は、上級生《じょうきゅうせい》と下級《かきゅう》生《せい》の上下関係《じょうげかんけい》がどの学校《がっこう》よりもきびしいことで有名《ゆうめい》だった。野球部《やきゅうぶ》の寮生活《りょうせいかつ》のルールも守《まも》るのがキツイものばかり。そのことが不祥事《ふしょうじ》につながったのではないか？　と、まずは寮《りょう》の廃止《はいし》が決定《けってい》。きびしい練習《れんしゅう》や合宿《がっしゅく》も制限《せいげん》されるようになり、ただでさえ全国屈指《ぜんこくくっし》の激戦《げきせん》区《く》・大阪大会《おおさかたいかい》を勝《か》ちあがることがむずかしくなった。結果《けっか》として、有望《ゆうぼう》な新入部員《しんにゅうぶいん》が集《あつ》まりにくくなり、ついには2016年夏《ねんなつ》の大会《たいかい》をさいごに、野球部休部《やきゅうぶきゅうぶ》となったのだ。

それでも、「いつの日《ひ》かPL学園《ピーエルがくえん》には復活《ふっかつ》してほしい」とねがう高校野球《こうこうやきゅう》ファンは全国《ぜんこく》に大勢《おおぜい》いる。PL学園《ピーエルがくえん》野球部《やきゅうぶ》はそれほど、高《こう》校野球《やきゅう》の歴史《れきし》において特別《とくべつ》な存在《そんざい》なのだ。

コラム5

ダルマにマジックにスマイル!? 甲子園《こうしえん》のレジェンド監督《かんとく》たち

個性派《こせいは》ぞろいの名将《めいしょう》たち

球児《きゅうじ》たちが甲子園《こうしえん》をめざせるのは、高校《こうこう》3年間《ねんかん》で夏《なつ》3回《かい》、春《はる》2回《かい》の5回《かい》だけ。だが、選手《せんしゅ》たちを指導《しどう》する監督《かんとく》は、何度《なんど》となく挑戦《ちょうせん》することが可能《かのう》だ。そのため、甲子園《こうしえん》の歴史《れきし》では、球児《きゅうじ》たち以上《いじょう》にファンを集《あつ》めた「個性派《こせいは》監督《かんとく》」たちが何人《なんにん》もいる。成績《せいせき》でも、指導《しどう》方《ほう》法《ほう》でも、キャラクターでも話題《わだい》をのこした3人《にん》のレジェンド監督《かんとく》を紹介《しょうかい》しよう。

「攻《せ》めダルマ」蔦文也《つたふみや》監督《かんとく》

徳島県立池田高校野球部《とくしまけんりついけだこうこうやきゅうぶ》を40年間《ねんかん》指導《しどう》。甲子園《こうしえん》に14回出場《かいしゅつじょう》し、春《はる》は優勝《ゆうしょう》2回《かい》、準優勝《じゅんゆうしょう》1回《かい》。夏《なつ》は優勝《ゆうしょう》1回《かい》、準優勝《じゅんゆうしょう》1回《かい》という好成績《こうせいせき》をのこしたのが蔦文也《つたふみや》監督《かんとく》だ。

1974年春《ねんはる》のセンバツでは、11人《にん》の部員《ぶいん》で準優勝《じゅんゆうしょう》。「さわやかイレブン」と話題《わだい》を呼《よ》んだ。また、この年《とし》から使用《しよう》がみとめられた金属《きんぞく》バットにいちはやく注目《ちゅうもく》。筋力《きんりょく》トレーニングを積極的《せっきょくてき》におこない、打《う》てばひびく「やまびこ打線《だせん》」と呼《よ》ばれた強力打線《きょうりょくだせん》で結果《けっか》をだしたことで、高校野球全体《こうこうやきゅうぜんたい》のスタイルも変《か》えてしまった。ついたあだ名《な》は「攻《せ》めダルマ」。酒好《さけず》きなキャラクターでも人気《にんき》を集《あつ》めた。

「木内《きうち》マジック」木内幸男《きうちゆきお》監督《かんとく》

茨城県立取手第二高校《いばらきけんりつとりでだいにこうこう》と常総学院《じょうそうがくいん》、ふたつの学校《がっこう》で全国制覇《ぜんこくせいは》を達成《たっせい》したのが木内幸男監督《きうちゆきおかん》督《とく》だ。ふたつの学校《がっこう》あわせて、甲子園出場回数《こうしえんしゅつじょうかいすう》は22回《かい》。夏《なつ》の優勝《ゆうしょう》が2回《かい》、準優勝《じゅんゆうしょう》1回《かい》。春《はる》の優勝《ゆうしょう》は1回《かい》、準優勝《じゅんゆうしょう》1回《かい》。甲子園通算勝利数《こうしえんつうさんしょうりすう》は40を数《かぞ》えた名将《めいしょう》だ。

野球《やきゅう》の能力以上《のうりょくいじょう》に、「野球脳《やきゅうのう》」ともいうべき「考《かんが》える力《ちから》」を重視《じゅうし》したのが木内《きうち》スタイル。ベンチ入《い》りした選手《せんしゅ》を全員使《ぜんいんつか》いきるのは当《あ》たり前《まえ》で、カウントの途中《とちゅう》でも代打《だいだ》を起用《きよう》するなど、選手交代《せんしゅこうたい》が多《おお》いことでも有名《ゆうめい》。その独特《どくとく》な采配《さいはい》は「木内《きうち》マジック」と呼《よ》ばれ、茨城《いばらき》弁《べん》のインタビューとともに人気《にんき》を呼《よ》んだ。

「尾藤《びとう》スマイル」尾藤公《びとうただし》監督《かんとく》

和歌山県立箕島高校《わかやまけんりつみのしまこうこう》の監督《かんとく》として、甲子園《こうしえん》出場《しゅつじょう》14回《かい》。夏《なつ》の優勝《ゆうしょう》1回《かい》、春《はる》の優勝《ゆうしょう》3回《かい》。サヨナラ勝《が》ちが多《おお》く、決勝《けっしょう》にでればかならず優《ゆう》勝《しょう》することから「勝負師《しょうぶし》」と呼《よ》ばれた。

ただ、はじめから名将《めいしょう》だったわけではない。あまりの練習《れんしゅう》のきびしさに選手《せんしゅ》たちがついてこられず、監督《かんとく》を一度退任《いちどたいにん》。このとき、ボーリング場《じょう》で働《はたら》いた経験《けいけん》から、我慢《がまん》と辛抱《しんぼう》、笑《え》顔《がお》の大切《たいせつ》さを学《まな》ぶと、監督復帰後《かんとくふっきご》は、選手《せんしゅ》にのびのびプレーさせ、自分《じぶん》はベンチでいつも笑顔《えがお》。「尾藤《びとう》スマイル」として人気《にんき》を呼《よ》んだ。また、水分補給《すいぶんほきゅう》の大切《たいせつ》さにいちはやく気《き》づくなど、他《ほか》の監督《かんとく》たちに与《あた》えた影響《えいきょう》も大《おお》きい。

甲子園《こうしえん》レジェンドチームランキング

順位《じゅんい》	チーム名《めい》	優勝回数《ゆうしょうかいすう》	レジェンドの証《あかし》
1位	大阪桐蔭《おおさかとういん》 （大阪）	春:3回 夏:4回	21世紀最強《せいきさいきょう》チーム。甲子園《こうしえん》での勝率《しょうりつ》は8割《わり》超《ご》え。2010年代《ねんだい》は11回出場《かいしゅつじょう》して5回優勝《かいゆうしょう》。
2位	横浜《よこはま》 （神奈川）	春:3回 夏:2回	1970、1980、1990、2000年代《ねんだい》で優勝《ゆうしょう》。現役《げんえき》プロ野球選手出身校《やきゅうせんしゅしゅっしんこう》ランキングもトップ。
3位	早稲田実《わせだじつ》 （西東京）	春:1回 夏:1回	甲子園第《こうしえんだい》1回大会《かいたいかい》から出場《しゅつじょう》の超名門校《ちょうめいもんこう》。「世界《せかい》の王貞治《おうさだはる》」の母校《ぼこう》としても有名《ゆうめい》。
4位	広陵《こうりょう》 （広島）	春:3回	夏《なつ》は準優勝《じゅんゆうしょう》4回《かい》。監督《かんとく》を中心《ちゅうしん》に100名《めい》を超《こ》える部員《ぶいん》が「日本一《にほんいち》の大《おお》きな家族《かぞく》」として結束《けっそく》。
5位	中京大中京《ちゅうきょうだいちゅうきょう》 （愛知）	春:4回 夏:7回	最多《さいた》11回優勝《かいゆうしょう》の絶対王者《ぜったいおうじゃ》。通算《つうさん》133勝《しょう》も歴代《れきだい》1位《い》。史上唯一《しじょうゆいいつ》の夏《なつ》3連覇校《れんぱこう》でもある。
6位	日大三《にちだいさん》 （西東京）	春:1回 夏:2回	早稲田実《わせだじつ》とならぶ東京《とうきょう》きっての名門《めいもん》。地獄《じごく》の冬《ふゆ》合宿《がっしゅく》で最強打線《さいきょうだせん》をつくりあげる。
7位	東海大相模《とうかいださがみ》 （神奈川）	春:2回 夏:2回	伝統《でんとう》の攻撃野球《こうげきやきゅう》で高校野球界《こうこうやきゅうかい》をリード。2000年代以降《ねんだいいこう》も3回《かい》の優勝《ゆうしょう》をほこる。
8位	龍谷大平安《りゅうこくだいへいあん》 （京都）	春:1回 夏:3回	甲子園出場《こうしえんしゅつじょう》73回《かい》は歴代《れきだい》1位《い》。通算《つうさん》99勝《しょう》は歴代《れきだい》2位《い》。110年《ねん》の歴史《れきし》をほこる京都《きょうと》の名門《めいもん》だ。
9位	智弁和歌山《ちべんわかやま》 （和歌山）	春:1回 夏:2回	甲子園歴代最多勝監督《こうしえんれきだいさいたしょうかんとく》がひきいる強打《きょうだ》のチーム。スタンドのブラスバンド応援《おうえん》も有名《ゆうめい》。
10位	駒大苫小牧《こまだいとまこまい》 （南北海道）	夏:2回	北海道《ほっかいどう》に初《はつ》の優勝旗《ゆうしょうき》をもたらすと、そこから夏《なつ》2連覇《れんぱ》。3連覇《れんぱ》をねらうも惜《お》しくも準優勝《じゅんゆうしょう》。

見事《みごと》な優勝回数《ゆうしょうかいすう》をほこるチームがずらりとならんだ。ほとんどが昭和《しょうわ》から活躍《かつやく》する名門《めいもん》だが、1位《い》の大阪桐蔭《おおさかとういん》（大阪《おおさか》）は平成《へいせい》になってからメキメキ力《ちから》をつけた「現代《げんだい》の最強《さいきょう》チーム」。卒業生《そつぎょうせい》の多《おお》くが一流《いちりゅう》プロ野球選手《やきゅうせんしゅ》として球界《きゅうかい》をリードしている。

第4章

Legend History

甲子園のレジェンドヒストリー

勝負《しょうぶ》させてもらえなかった松井秀喜《まついひでき》（星稜《せいりょう》、石川《いしかわ》）

甲子園《こうしえん》最大《さいだい》の事件《じけん》、非情《ひじょう》な采配《さいはい》〝全《ぜん》5打席敬遠《だせきけいえん》〟に怪物《かいぶつ》が散《ち》った

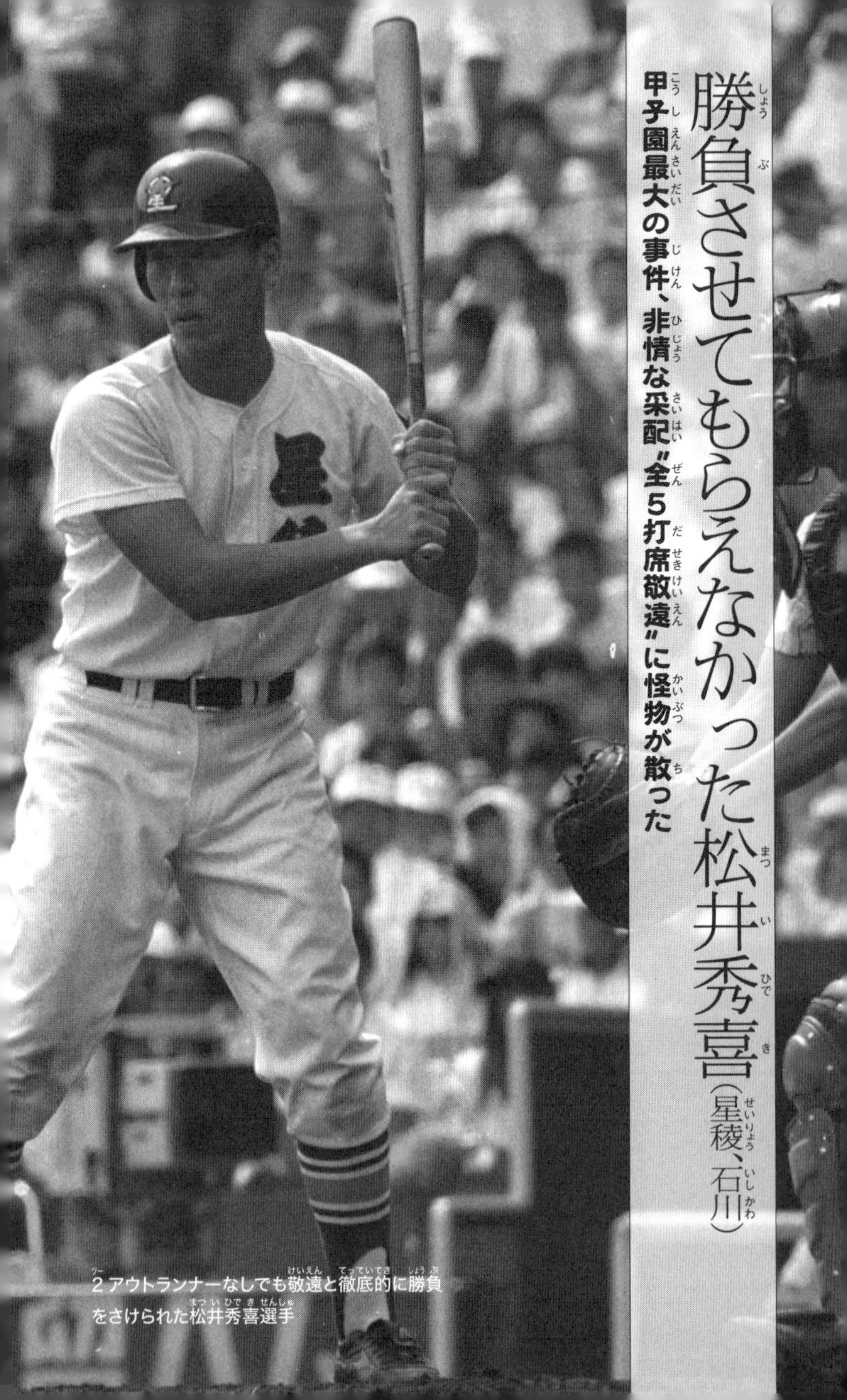

2《ツー》アウトランナーなしでも敬遠《けいえん》と徹底的《てっていてき》に勝負《しょうぶ》をさけられた松井秀喜選手《まついひできせんしゅ》

とても暑《あつ》かった夏《なつ》の日《ひ》の〝事件《じけん》〟

甲子園球場《こうしえんきゅうじょう》どころか、日本中《にほんじゅう》が大騒《おおさわ》ぎとなった高校野球史《こうこうやきゅうし》にのこる伝説《でんせつ》の「事件《じけん》」がある。とても暑《あつ》かった1992年《ねん》8月《がつ》16日《にち》、第《だい》74回《かい》夏《なつ》の甲子園《こうしえん》2回戦《かいせん》、明徳義塾《めいとくぎじゅく》（高知《こうち》）と星稜《せいりょう》（石川《いしかわ》）の試合《しあい》で起《お》きた「5打席連続敬遠《だせきれんぞくけいえん》」だ。敬遠《けいえん》されたのは、のちにメジャーリーグのニューヨーク・ヤンキースでも活躍《かつやく》する星稜《せいりょう》の4番《ばん》、松井秀喜選手《まついひできせんしゅ》だった。

「高校生《こうこうせい》のなかにひとりだけプロがいる」

松井選手《まついせんしゅ》は夏《なつ》の大会《たいかい》がはじまる前《まえ》から、超高校級《ちょうこうこうきゅう》スラッガーとして注目《ちゅうもく》の的《まと》だった。5カ月前《げつまえ》の春《はる》のセンバツ大会《たいかい》では、2打席連続《だせきれんぞく》ホームランや1試合《しあい》7打点《だてん》、2試合連続《しあいれんぞく》ホームランなど、当時《とうじ》の大会記録《たいかいきろく》をいくつも達成《たっせい》。じつはこのセンバツがはじまる前《まえ》に、甲子園球場《こうしえんきゅうじょう》では外野《がいや》フェンス前《まえ》にあった「ラッキーゾーン」（ホームランをでやすくするためのスペース）を廃止《はいし》したばかり。あきらかに高校生《こうこうせい》ばなれしたパワーと打撃《だげき》センスだった。

むかえた夏《なつ》の甲子園《こうしえん》。星稜《せいりょう》は1回戦《かいせん》を11対《たい》0と大勝《たいしょう》。この試合《しあい》を見《み》て、「高校生《こうこうせい》のなかにひとりだけプロがいる」と思《おも》ったのがつぎの対戦相手《たいせんあいて》、明徳義塾《めいとくぎじゅく》の馬淵史郎監督《まぶちしろうかんとく》。少《すこ》しでも勝《か》つ可能性《かのうせい》を高《たか》めるため、松井選手《まついせんしゅ》とは勝負《しょうぶ》しないと試合前《しあいまえ》にきめていた。そうとは知《し》らず、つめかけた観客《かんきゃく》は5万《まん》5000人《にん》。誰《だれ》もが松井選手《まついせんしゅ》の一発《いっぱつ》を期待《きたい》したのだが……。

1回表《かいおもて》の第《だい》1打席《だせき》。2《ツー》アウト三塁《るい》というチャンスだったが敬遠《けいえん》。3回表《かいおもて》の第《だい》2打席《だせき》。1《ワン》アウト二、三塁《るい》という大《だい》チャンスだったがまたも敬遠《けいえん》。5回表《かいおもて》の第《だい》3打席《だせき》。1《ワン》アウト一塁《るい》の場面《ばめん》で、またしても敬遠《けいえん》。このころから、甲子園球場《こうしえんきゅうじょう》は少《すこ》しずつ騒《さわ》がしくなっていた。

ゴジラ松井伝説《まついでんせつ》のあらたなはじまり

7回表《かいおもて》の第《だい》4打席《だせき》。1点《てん》を追《お》いかける星稜《せいりょう》の攻撃《こうげき》は2《ツー》アウトでランナーなし。さすがに勝負《しょうぶ》するだろうと誰《だれ》もが思《おも》ったが、明徳義塾《めいとくぎじゅく》の作戦《さくせん》はまたしても敬遠《けいえん》。球場《きゅうじょう》につめかけた観客《かんきゃく》からは「逃《に》げずに勝負《しょうぶ》しろ！」という声《こえ》が飛《と》び交《か》うようになってしまった。

1点差《てんさ》のまま、9回表《かいおもて》の第《だい》5打席《だせき》。2《ツー》アウトでランナー三塁《るい》。ヒットでも同点《どうてん》という場《ば》面《めん》で松井選手《まついせんしゅ》はやはり敬遠《けいえん》。5打席連続《だせきれんぞく》で勝負《しょうぶ》をしなかった明徳義塾《めいとくぎじゅく》への不満《ふまん》からか、観《かん》客席《きゃくせき》からはメガホンやゴミなどが投《な》げこまれ、試合《しあい》が一時中断《いちじちゅうだん》する騒《さわ》ぎとなった。

試合再開後《しあいさいかいご》、つぎの5番《ばん》打者《だしゃ》が倒《たお》れ、ゲームセット。だが、松井《まつい》選手《せんしゅ》と勝負《しょうぶ》をせずに試《し》合《あい》に勝《か》った明徳義塾《めいとくぎじゅく》の戦《たたか》いかたは高校野球《こうこうやきゅう》としてどうなのか？　勝利《しょうり》のためならなにをしてもいいのか？　と議論《ぎろん》を呼《よ》んだ。正解《せいかい》はきっとひとつではない。だが、たしかなことはひとつ。この試合《しあい》で一度《いちど》もバットをふらせてもらえなかったことが、かえって松井選手《まついせんしゅ》の評価《ひょうか》と価値《かち》を高《たか》めたということだ。

3カ月後《げつご》におこなわれたプロ野球《やきゅう》ドラフト会議《かいぎ》では、なんと4球団《きゅうだん》が松井選手《まついせんしゅ》を1位指《いし》名《めい》。「5打席連続敬遠《だせきれんぞくけいえん》」は、ゴジラ松井伝説《まついでんせつ》のあらたなはじまりだった。

伝説《でんせつ》こぼれ話《ばなし》

その後《ご》のゴジラ松井伝説《まついでんせつ》

ドラフト会議《かいぎ》で松井選手《まついせんしゅ》をひきあてたのは、「ミスタープロ野球《やきゅう》」と呼《よ》ばれた巨人《きょじん》の長嶋《ながしま》茂雄監督《しげおかんとく》。プロ野球《やきゅう》の伝説《でんせつ》の男《おとこ》から直接指導《ちょくせつしどう》を受《う》けた松井選手《まついせんしゅ》は、首位打者《しゅいだしゃ》1回《かい》、ホームラン王《おう》3回《かい》、打点王《だてんおう》3回《かい》を記録《きろく》。日本一《にほんいち》の大《だい》打者《だしゃ》となって、活躍《かつやく》の場《ば》をメジャーリーグへ。名門球団《めいもんきゅうだん》のヤンキースでもチームの主力打者《しゅりょくだしゃ》として信頼《しんらい》は厚《あつ》く、2009年《ねん》のヤンキース世界一《せかいいち》に大《おお》きく貢献《こうけん》。日本人《にほんじん》ではじめて、ワールドシリーズMVP《エムブイピー》にも選《えら》ばれている。引退《いんたい》後《ご》の2013年《ねん》には恩師《おんし》の長嶋監督《ながしまかんとく》とともに国民栄誉賞《こくみんえいよしょう》も受賞《じゅしょう》。バットをふらずして高校《こうこう》野球《やきゅう》で伝説《でんせつ》の存在《そんざい》になった男《おとこ》は、プロの舞台《ぶたい》でもさまざまな伝説《でんせつ》をのこしつづけたのだ。

沖《おき》縄《なわ》県《けん》民《みん》の悲《ひ》願《がん》、優《ゆう》勝《しょう》旗《き》が海《うみ》を越《こ》えた

沖縄尚学《おきなわしょうがく》（沖縄《おきなわ》）とセンバツ物語《ものがたり》

1999年《ねん》に初優勝《はつゆうしょう》をはたした沖縄尚学《おきなわしょうがく》ナインと優勝旗《ゆうしょうき》を手《て》にする比嘉寿光《ひがとしみつ》主将《しゅしょう》

沖縄県民《おきなわけんみん》の夢《ゆめ》、甲子園《こうしえん》優勝《ゆうしょう》

沖縄県民《おきなわけんみん》にとって、甲子園《こうしえん》で戦《たたか》う球児《きゅうじ》たちはずっと特別《とくべつ》な存在《そんざい》だった。太平洋戦争《たいへいようせんそう》で日本《にほん》が敗《やぶ》れ、アメリカ軍《ぐん》が沖縄《おきなわ》をおさめていた時代《じだい》、球児《きゅうじ》たちは甲子園《こうしえん》にでるにもパスポートを持《も》って海《うみ》をわたらなければならず、規則《きそく》で甲子園《こうしえん》の土《つち》を持《も》ち帰《かえ》ることもできなかった。沖縄《おきなわ》が日本領《にほんりょう》に復帰《ふっき》したあとも、甲子園《こうしえん》の舞台《ぶたい》で沖縄県勢《おきなわけんぜい》はなかなか勝《か》つことができなかった。平成《へいせい》になり、1990年《ねん》と1991年《ねん》には沖縄水産《おきなわすいさん》が夏《なつ》の甲子園《こうしえん》で2年連続準優勝《ねんれんぞくじゅんゆうしょう》。優勝《ゆうしょう》の二文字《ふたもじ》には、どうしてもあと一歩《いっぽ》届《とど》かなかった。「甲子園優勝《こうしえんゆうしょう》がさきか、沖縄《おきなわ》選出《せんしゅつ》の総理大臣《そうりだいじん》がさきか」という言葉《ことば》ができるほど、甲子園優勝《こうしえんゆうしょう》は県民《けんみん》にとって悲願《ひがん》であり、夢《ゆめ》。その夢《ゆめ》を現実《げんじつ》のものにしたのが、1999年《ねん》の沖縄尚学《おきなわしょうがく》だった。

優勝旗《ゆうしょうき》は、はじめて海《うみ》をわたって沖縄《おきなわ》の地《ち》へ

1999年春《ねんはる》のセンバツ。沖縄尚学《おきなわしょうがく》はエース比嘉公也《ひがこうや》投手《とうしゅ》の活躍《かつやく》で、あれよあれよと準《じゅん》決勝進出《けっしょうしんしゅつ》。決勝《けっしょう》をかけ、全国屈指《ぜんこくくっし》の強豪校《きょうごうこう》、PL《ピーエル》学園《がくえん》（大阪《おおさか》）と対戦《たいせん》することになった。

PL《ピーエル》有利《ゆうり》、という予想《よそう》のなか、2回戦《かいせん》で右《みぎ》足首《あしくび》をねんざし、痛《いた》みどめの注射《ちゅうしゃ》を打《う》ってこの試合《しあい》にのぞんでいた比嘉《ひが》投手《とうしゅ》が、ケガを感《かん》じさせない力投《りきとう》。延長《えんちょう》12回《かい》の死闘《しとう》の末《すえ》、さいごは比嘉《ひが》投手《とうしゅ》がみずから勝《か》ちこしのタイムリーヒットを打《う》ち、8対《たい》6で逃《に》げきったのだ。つづく決勝戦《けっしょうせん》。前日《ぜんじつ》に200球《きゅう》以上《いじょう》投《な》げた比嘉《ひが》投手《とうしゅ》は足《あし》の痛《いた》みもあって登板《とうばん》できなかったが、チームはいきおいそのままに水戸商《みとしょう》（茨城《いばらき》）をやぶり、沖縄県勢《おきなわけんぜい》悲願《ひがん》のセンバツ初優勝《はつゆうしょう》。甲子園球場《こうしえんきゅうじょう》には歓喜《かんき》の大《だい》ウェーブが何度《なんど》もわきおこり、優勝旗《ゆうしょうき》ははじめて海《うみ》をわたって沖縄《おきなわ》の地《ち》へ。こうして、沖縄県民《おきなわけんみん》の夢《ゆめ》がかなったのだ。

伝説《でんせつ》こぼれ話《ばなし》

沖縄《おきなわ》と甲子園《こうしえん》の土《つち》

1958年《ねん》の夏《なつ》の甲子園大会《こうしえんたいかい》で、沖縄県勢《おきなわけんぜい》としてはじめて甲子園《こうしえん》の土《つち》をふんだのが首里《しゅり》高校《こうこう》だ。残念《ざんねん》ながら1回戦《かいせん》で敗《やぶ》れた首里《しゅり》ナインは、持参《じさん》した袋《ふくろ》にひとにぎりの土《つち》をいれ、沖縄《おきなわ》に持《も》ち帰《かえ》ろうとした。しかし、当時《とうじ》はまだ沖縄《おきなわ》がアメリカの領土《りょうど》だった時代《じだい》。アメリカの法律《ほうりつ》では「外国《がいこく》の土《つち》」は持《も》ちこむことができず、甲子園《こうしえん》の土《つち》も外国《がいこく》の土《つち》、として海《うみ》へと捨《す》てられてしまったのだ。ただ、この悲《かな》しいニュースを知《し》ったある飛行機会社《ひこうきがいしゃ》の客室乗務員《きゃくしつじょうむいん》が「土《つち》はダメでも、石《いし》なら法律《ほうりつ》の対象外《たいしょうがい》」と甲子園《こうしえん》にあった小石《こいし》を集《あつ》めて首里高校《しゅりこうこう》に届《とど》けた。首里高校《しゅりこうこう》の甲子園出場《こうしえんしゅつじょう》記念碑《きねんひ》には、いまもこの「甲子園《こうしえん》の石《いし》」がはめこまれている。

選手《せんしゅ》としても、指導者《しどうしゃ》としても県民《けんみん》の夢《ゆめ》をかなえた男《おとこ》

比嘉投手《ひがとうしゅ》は高校卒業後《こうこうそつぎょうご》、大学《だいがく》でプレーをつづけたが、高校時代《こうこうじだい》のムリがたたったのか、投《な》げられたのは1試合《しあい》だけ。選手《せんしゅ》としての道《みち》をあきらめ、指導者《しどうしゃ》の道《みち》へ。大学卒業後《だいがくそつぎょうご》、母《ぼ》校《こう》の沖縄尚学《おきなわしょうがく》の監督《かんとく》に就任《しゅうにん》した2006年《ねん》、新入生《しんにゅうせい》のなかにいたのが、のちにプロ野球《やきゅう》で最多勝投手《さいたしょうとうしゅ》にもなる東浜巨投手《ひがしはまなおとうしゅ》（現《げん》・ソフトバンク）だった。

1年生《ねんせい》にして140キロ以上《いじょう》の球《たま》を投《な》げ、「教《おし》えることがなにもない」と比嘉監督《ひがかんとく》が思《おも》ったほどの才能《さいのう》ですぐにエースになった東浜投手《ひがしはまとうしゅ》。それでも、技術以上《ぎじゅついじょう》に、甲子園《こうしえん》で勝《か》つことの大変《たいへん》さ、精神力《せいしんりょく》を監督《かんとく》から学《まな》ぶと、2008年春《ねんはる》のセンバツで見事《みごと》な快投《かいとう》を演《えん》じた。5試合《しあい》を投《な》げて、防御率《ぼうぎょりつ》は驚異《きょうい》の0点台《てんだい》。準々決勝《じゅんじゅんけっしょう》で左《ひだり》ヒザに打球《だきゅう》があたり、痛《いた》みをこらえての登板《とうばん》がつづいたが、「比嘉監督《ひがかんとく》は決勝《けっしょう》で投《な》げたくても投《な》げることができなかった」と奮闘《ふんとう》。決勝戦《けっしょうせん》も見事《みごと》な完封勝利《かんぷうしょうり》で、恩師《おんし》・比嘉監督《ひがかんとく》が優勝《ゆうしょう》した1999年以来《ねんいらい》、9年《ねん》ぶりとなるセンバツ優勝《ゆうしょう》を達成《たっせい》したのだ。かつて、選手《せんしゅ》として沖縄《おきなわ》の夢《ゆめ》をかなえた比嘉《ひが》監督《かんとく》は、指導者《しどうしゃ》としても頂点《ちょうてん》をきわめ、県民《けんみん》に大《おお》きなよろこびをもたらしたのだった。

“やればできる”の合言葉《あいことば》で2度目《どめ》の甲子園《こうしえん》初出場《はつしゅつじょう》初優勝《はつゆうしょう》

名将《めいしょう》・上甲監督《じょうこうかんとく》がひきいた“ミラクル済美《さいび》”

大接戦《だいせっせん》のすえに初出場初優勝《はつしゅつじょうはつゆうしょう》。歓喜《かん》のガッツポーズの福井優也《ふくいゆうや》投手《とうしゅ》

2度《ど》の〝ミラクル〟をおこした上甲正典監督《じょうこうまさのりかんとく》

高校野球《こうこうやきゅう》ファンの大好《だいす》きな言葉《ことば》のひとつが「初出場初優勝《はつしゅつじょうはつゆうしょう》」。何度《なんど》も出場《しゅつじょう》している強豪校《きょうごうこう》であっても、毎回《まいかい》、1勝《しょう》するのがたいへんな甲子園《こうしえん》という大舞台《おおぶたい》で、右《みぎ》も左《ひだり》もわからない新人《しんじん》が頂点《ちょうてん》をとってしまうことは、ある意味《いみ》では奇跡《きせき》の産物《さんぶつ》といえる。

そんな「ミラクル」を2度《ど》もおこしたすごい監督《かんとく》がいる。愛媛《えひめ》の宇和島東《うわじまひがし》と済美《さいび》を指導《しどう》した上甲正典監督《じょうこうまさのりかんとく》だ。とくに、2度目《どめ》の初出場初優勝《はつしゅつじょうはつゆうしょう》となった2004年春《ねんはる》のセンバツ大会《たいかい》での戦《たたか》いぶりは「ミラクル済美《さいび》」として語《かた》りつがれている。その理由《りゆう》のひとつは、このとき、済美《さいび》は野球部《やきゅうぶ》ができてからたった2年《ねん》しかたっていなかったからだった。

創部《そうぶ》2年《ねん》でつかんだセンバツ初出場《はつしゅつじょう》の切符《きっぷ》

1988年《ねん》、第《だい》60回春《かいはる》のセンバツ大会《たいかい》で、母校《ぼこう》でもある宇和島東《うわじまひがし》を初出場初優勝《はつしゅつじょうはつゆうしょう》に導《みちび》いた上甲監督《じょうこうかんとく》。だが、2001年《ねん》に妻《つま》を亡《な》くしたショックもあって監督《かんとく》を辞任《じにん》。そこで声《こえ》をかけてきたのが、2002年《ねん》に野球部《やきゅうぶ》をつくったばかりの済美《さいび》だった。

何度《なんど》も断《ことわ》った上甲監督《じょうこうかんとく》だったが、「うちのひとから野球《やきゅう》をとったらなにがのこるの」という妻《つま》の言葉《ことば》を思《おも》いだし、監督《かんとく》を引《ひ》き受《う》けることに。そして、上甲監督《じょうこうかんとく》が指導《しどう》するとあって、実績《じっせき》がない学校《がっこう》にもかかわらず、高橋勇丞《たかはしゆうすけ》選手《せんしゅ》（元《もと》・阪神《はんしん》）や鵜久森淳志《うぐもりあつし》選手《せんしゅ》（現《げん》・ヤクルト）、つぎの年《とし》に入部《にゅうぶ》した福井優也《ふくいゆうや》投手《とうしゅ》（現《げん》・広島《ひろしま》）など、将来有望《しょうらいゆうぼう》な選手《せんしゅ》が多数《たすう》集結《しゅうけつ》。きびしい指導《しどう》のもと、わずか2年《ねん》でセンバツ出場《しゅつじょう》の切符《きっぷ》をつかみとったのだ。

「やればできるは魔法《まほう》の合言葉《あいことば》」

むかえた2004年《ねん》、第《だい》76回《かい》センバツ大会《たいかい》。4番《ばん》・鵜久森《うぐもり》選手《せんしゅ》のホームランなどで1回《かい》戦《せん》を9対《たい》0と大勝《たいしょう》した済美《さいび》は、2回戦《かいせん》もセンバツ優勝《ゆうしょう》4回《かい》を数《かぞ》える名門《めいもん》、東邦《とうほう》（愛知《あいち》）を相手《あいて》に1対《たい》0で勝利《しょうり》。2年生《ねんせい》エース福井《ふくい》投手《とうしゅ》は2試合《しあい》連続《れんぞく》完封《かんぷう》勝利《しょうり》をあげた。

つぎの準々決勝《じゅんじゅんけっしょう》の相手《あいて》は、前年夏《ぜんねんなつ》の甲子園《こうしえん》で準優勝《じゅんゆうしょう》、この大会《たいかい》でも1回戦《かいせん》でノーヒットノーランという快投《かいとう》を演《えん》じたダルビッシュ有《ゆう》投手《とうしゅ》（現《げん》・カブス）のいる東北《とうほく》（宮城《みやぎ》）。だが、ダルビッシュ投手《とうしゅ》が右肩《みぎかた》の痛《いた》みで登板《とうばん》できない運《うん》も手伝《てつだ》って、さいごは高橋選手《たかはしせんしゅ》の劇《げき》的《てき》な逆転《ぎゃくてん》サヨナラ3《スリー》ランが飛《と》びだし、7対《たい》6で勝利《しょうり》した。

準決勝《じゅんけっしょう》の明徳義塾《めいとくぎじゅく》（高知《こうち》）戦《せん》も7対《たい》6と、なんとか1点差《てんさ》で勝利《しょうり》をおさめ、ついに決勝《けっしょう》に進出《しんしゅつ》した済美《さいび》。決勝《けっしょう》の相手《あいて》は全国優勝《ぜんこくゆうしょう》の経験《けいけん》もある強豪《きょうごう》、愛工大名電《あいこうだいめいでん》（愛知《あいち》）。この試合《しあい》では済美打線《さいびだせん》が序盤《じょばん》から得点《とくてん》をかさね、6得点《とくてん》。守《まも》ってはエース福井投手《ふくいとうしゅ》がねばりの投球《とうきゅう》を見《み》せ、6対《たい》5で勝利《しょうり》。こうして済美《さいび》は大会《たいかい》5試合中《しあいちゅう》4試合《しあい》が1点差《てんさ》勝《が》ちという劇的《げきてき》な勝利《しょうり》ばかりで、創部《そうぶ》わずか3年目《ねんめ》での「センバツ初出場初優勝《はつしゅつじょうはつゆうしょう》」という快挙《かいきょ》を達成《たっせい》した。

済美《さいび》が勝《か》って甲子園《こうしえん》に流《なが》れる校歌《こうか》には「やればできるは魔法《まほう》の合言葉《あいことば》」の歌詞《かし》。まさに、「やればできる」選手《せんしゅ》たちの活躍《かつやく》が、魔法《まほう》のようなミラクルをもたらしたのだった。

伝《でん》説《せつ》こぼれ話《ばなし》

夏《なつ》もふたたび……

「ミラクル済美《さいび》」の快進撃《かいしんげき》は、春《はる》だけの出来事《できごと》ではなかった。この年《とし》、済美《さいび》は夏《なつ》の甲子園《こうしえん》にも初出場《はつしゅつじょう》。一気《いっき》に決勝戦《けっしょうせん》にまですすみ、史《し》上初《じょうはつ》の「初出場《はつしゅつじょう》での春夏連覇《はるなつれんぱ》」という偉業《いぎょう》に挑戦《ちょうせん》した。むかえた決勝《けっしょう》の相手《あいて》は、こちらも「北海道勢初優勝《ほっかいどうぜいはつゆうしょう》」という偉業《いぎょう》に挑《いど》んだ駒大苫小牧《こまだいとまこまい》（南北海道《みなみほっかいどう》）。試合《しあい》は、球史《きゅうし》にのこるはげしい点《てん》のうばい合《あ》いとなり、6回《かい》を終《お》わって9対《たい》9。両《りょう》チームあわせて39本《ほん》ものヒットが乱《みだ》れ飛《と》ぶ展開《てんかい》となったが、10対《たい》13で惜《お》しくも敗退《はいたい》。済美《さいび》は準優勝《じゅんゆうしょう》に終《お》わり、「初出場《はつしゅつじょう》での春夏連覇《はるなつれんぱ》」とはならなかった。それでも、2004年《ねん》の高校野球《こうこうやきゅう》の話題《わだい》の中心《ちゅうしん》に「ミラクル済美《さいび》」がいたのはまちがいなかった。

わたしだって甲子園《こうしえん》の舞台《ぶたい》に立《た》ちたい！

女子生徒《じょしせいと》と甲子園《こうしえん》の物語《ものがたり》

女子《じょし》マネージャー、プラカードガール、チアガール……。
女子生徒《じょしせいと》も聖地《せいち》をめざしてきた

ベンチにも座《すわ》れなかった女子《じょし》マネージャーたち

甲子園大会《こうしえんたいかい》のテレビ中継《ちゅうけい》を見《み》ていると、グラウンドで戦《たたか》う選手《せんしゅ》へむけて、ベンチから声《せい》援《えん》を送《おく》る女子《じょし》マネージャーの姿《すがた》を見《み》かけることがある。彼女《かのじょ》たちはスコアブックをつける「記録員《きろくいん》」としてベンチ入《い》りをみとめられた女子生徒《じょしせいと》たちだ。だが、信《しん》じられないことにひとむかし前《まえ》まで、甲子園《こうしえん》のベンチに女性《じょせい》がはいることは許《ゆる》されなかった。

変化《へんか》が起《お》きたのは1996年《ねん》。それまでは担当教師《たんとうきょうし》か控《ひか》え選手《せんしゅ》がベンチでスコアブックをつけていたが、この年《とし》の甲子園大会《こうしえんたいかい》から、選手《せんしゅ》とは別枠《べつわく》でスコアブック担当《たんとう》メンバーが記録員《きろくいん》としてベンチ入《い》りできることになったのだ。

この新制度《しんせいど》によって、1996年《ねん》の甲子園《こうしえん》では9校《こう》の女子《じょし》マネージャーが記録員《きろくいん》として登録《とうろく》され、試合《しあい》に出場《しゅつじょう》する選手《せんしゅ》たちとともに甲子園《こうしえん》のベンチに座《すわ》った。ちなみに、選手《せんしゅ》は事前登録《じぜんとうろく》が必要《ひつよう》だが、記録員《きろくいん》については試合《しあい》ごとにいれかえることが可能《かのう》だ。

その記録員制度《きろくいんせいど》が導入《どうにゅう》された最初《さいしょ》の年《とし》には、つぎのようなドラマもあった。

甲子園《こうしえん》ベンチ入《い》り女子《じょし》マネージャー第《だい》1号《ごう》秘話《ひわ》

ベンチ入《い》り女子《じょし》マネージャー第《だい》1号《ごう》となったのは、東筑《とうちく》（福岡《ふくおか》）の三井由佳子《みついゆかこ》さん。福《ふく》岡大会《おかたいかい》では3年生《ねんせい》の男子部員《だんしぶいん》が記録員《きろくいん》としてベンチ入《い》りしていて、甲子園《こうしえん》でもその男子部《だんしぶ》員《いん》が担当《たんとう》するはずだった。だが「福岡大会《ふくおかたいかい》から3年生《ねんせい》でベンチ入《い》りしていないのは三井《みつい》だけ。甲子園《こうしえん》では三井《みつい》がベンチにはいってほしい」と、三井《みつい》さんにチャンスをゆずったのだ。念願《ねんがん》の甲子園《こうしえん》ベンチ入《い》りをはたした三井《みつい》さん。東筑《とうちく》が2回戦《かいせん》で敗《やぶ》れると、ゆずってくれた男《だん》子部員《しぶいん》の気持《きも》ちを思《おも》いだし、涙《なみだ》を流《なが》した。

伝説《でんせつ》こぼれ話《ばなし》

女性《じょせい》と高校野球《こうこうやきゅう》

夏《なつ》の甲子園名物《こうしえんめいぶつ》といえば、開会式《かいかいしき》でプラカードガールを先頭《せんとう》にはじまる入場行進《にゅうじょうこうしん》だ。これは1949年《ねん》からの伝統風景《でんとうふうけい》。プラカードを持《も》つことができるのは西宮市立西宮高校《にしのみやしりつにしのみやこうこう》の女子生徒《じょしせいと》だけなので、プラカードを持《も》ちたいとこの学校《がっこう》を受験《じゅけん》する生徒《せいと》も多《おお》い。過去《かこ》には、祖母《そぼ》・母《はは》・本人《ほんにん》の親子《おやこ》三代《だい》や4姉妹《しまい》プラカードガールもいたほどだ。そもそも甲子園《こうしえん》で入場行進《にゅうじょうこうしん》をするようになったのは1929年《ねん》のセンバツ大会《たいかい》がきっかけ。日本人女《にほんじんじょ》性初《せいはつ》のオリンピックメダリストである人見絹《ひとみきぬ》枝《え》さんが、海外《かいがい》の大会《たいかい》で経験《けいけん》した入場行進《にゅうじょうこうしん》の素晴《すば》らしさから思《おも》いついたアイデア。高校野《こうこうや》球《きゅう》の発展《はってん》に、女性《じょせい》の存在《そんざい》はかかせないのだ。

⚾〝つぎの100年《ねん》〟にむけた、大《おお》きな課題《かだい》

女子《じょし》マネージャーをめぐる騒動《そうどう》としては、2016年夏《ねんなつ》の甲子園大会《こうしえんたいかい》での「グラウンドからの退場事件《たいじょうじけん》」がある。じつは記録員《きろくいん》はベンチにはいれても、甲子園《こうしえん》のグラウンドには立《た》てない、というルールがあり、ある女子《じょし》マネージャーが練習《れんしゅう》の手伝《てつだ》いをしていたところ、大会関係者《たいかいかんけいしゃ》から「グラウンドの外《そと》にでていくように」といわれてしまったのだ。これには全国《ぜんこく》から非難《ひなん》が殺到《さっとう》。2017年春《ねんはる》のセンバツ大会《たいかい》からは、ヘルメットをつけるなど条件《じょうけん》を満《み》たせば、グラウンドにでて練習《れんしゅう》サポートができるように規則《きそく》が変更《へんこう》されている。

また、女子《じょし》マネージャーの問題《もんだい》とは別《べつ》に、全国《ぜんこく》には男子《だんし》にまじって練習《れんしゅう》に参加《さんか》する女子《じょし》選手《せんしゅ》もいる。だが、いまのルールでは公式戦《こうしきせん》に出場《しゅつじょう》できるのは男子《だんし》だけ。女子選手《じょしせんしゅ》はどんなに野球《やきゅう》がうまくても、さいしょからメンバー入《い》りのチャンスがない。そんな女子部員《じょしぶいん》のため、「助監督《じょかんとく》」として登録《とうろく》して、他《ほか》の選手《せんしゅ》と同《おな》じユニフォームを着《き》てベンチ入《い》りさせるケースも存在《そんざい》する。ただ、「そもそも女子部員《じょしぶいん》だって試合《しあい》にでられるようにしてほしい」という声《こえ》は少《すく》なくない。高校野球《こうこうやきゅう》の「つぎの100年《ねん》」にむけた、大《おお》きな課題《かだい》のひとつだ。

甲子園《こうしえん》で一番《いちばん》せつないゲームセット

延長《えんちょう》15回《かい》、気温《きおん》38度《ど》。サヨナラボークにエースは立《た》ちつくした……

延長《えんちょう》15回裏《かいうら》、球数《たまかず》は200球《きゅう》を超《こ》え……

甲子園史上《こうしえんしじょう》「もっともせつない幕《まく》ぎれ」といわれる試合《しあい》がある。1998年《ねん》8月《がつ》16日《にち》、第《だい》80回夏《かいなつ》の甲子園《こうしえん》2回戦《かいせん》、宇部商《うべしょう》（山口《やまぐち》）と豊田大谷《とよたおおたに》（東愛知《ひがしあいち》）の一戦《いっせん》だ。試合開始時刻《しあいかいしじこく》は、真夏《まなつ》の甲子園《こうしえん》がさらに暑《あつ》さをます午後《ごご》12時《じ》5分《ふん》。この試合《しあい》のあと、春夏連覇《はるなつれんぱ》をねらう横浜《よこはま》・松坂大輔投手《まつざかだいすけとうしゅ》（現《げん》・中日《ちゅうにち》）と、1回戦《かいせん》でノーヒットノーランを達成《たっせい》した鹿児島実《かごしまじつ》・杉内《すぎうち》俊《とし》哉《や》投手《とうしゅ》という好投手同士《こうとうしゅどうし》の試合《しあい》が控《ひか》えていたため、観客《かんきゃく》は約《やく》5万人《まんにん》とほぼ満員《まんいん》だった。

試合《しあい》は宇部商《うべしょう》の2年生《ねんせい》エース・藤田修平投手《ふじたしゅうへいとうしゅ》、豊田大谷《とよたおおたに》の上田晃広投手《かんだあきひろとうしゅ》がどちらも好投《こうとう》。

9回裏《かいうら》、1点《てん》をリードしてさいごの守《まも》りについた宇部商《うべしょう》だったが、あとアウトひとつまで追《お》いこみながら同点《どうてん》に追《お》いつかれ、2対《たい》2で延長戦《えんちょうせん》に突入《とつにゅう》。その後《ご》は0がつづき、むかえた延長《えんちょう》15回裏《かいうら》、守《まも》る宇部商《うべしょう》・藤田投手《ふじたとうしゅ》の球数《たまかず》がついに200球《きゅう》を超《こ》え、悲劇《ひげき》は起《お》きた。

あまりにもアツすぎた試合《しあい》の悲《かな》しい結末《けつまつ》

15回裏《かいうら》、ヒットとエラー、フォアボールでノーアウト満塁《まんるい》という大《だい》ピンチをむかえた宇《う》部商《べしょう》・藤田投手《ふじたとうしゅ》。ぬぐってもとまらないほどの汗《あせ》をたらしながら、この日《ひ》の211球目《きゅうめ》を投《な》げようとした瞬間《しゅんかん》、投球動作《とうきゅうどうさ》を途中《とちゅう》でやめ、元《もと》の姿勢《しせい》にもどってしまった。これがボーク（投球違反《とうきゅういはん》）と宣告《せんこく》され、ルールによって三塁《るい》ランナーがホームイン。豊田大谷《とよたおおたに》のサヨナラ勝《が》ちという幕《まく》ぎれに、甲子園《こうしえん》に集《あつ》まった約《やく》5万人《まんにん》の観客《かんきゃく》も騒然《そうぜん》。藤田投手《ふじたとうしゅ》も状況《じょうきょう》が理《り》解《かい》できず、マウンドでただぼう然《ぜん》と立《た》ちつくすしかなかった。このとき、気温《きおん》38度《ど》。あまりにもアツすぎた試合《しあい》の結末《けつまつ》は悲《かな》しすぎるものとなった。ただ、ボークを宣告《せんこく》した主審《しゅしん》は藤田投手《ふじたとうしゅ》をはげますため、いつもなら勝《か》った学校《がっこう》のキャプテンにわたすウイニングボールを、「またもどってきなさい」という気持《きも》ちをこめ、藤田投手《ふじたとうしゅ》にそっと手《て》わたしたという。

21世《せい》紀《き》枠《わく》でかがやいた〝ベスト4〟のチーム

まじめにがんばればセンバツに出場《しゅつじょう》できる

夏《なつ》の大会《たいかい》にはない独自《どくじ》の制度《せいど》

2001年春《ねんはる》。21世紀《せいき》になってはじめてのセンバツ大会《たいかい》からスタートし、夏《なつ》の大会《たいかい》にはない独自《どくじ》の制度《せいど》として定着《ていちゃく》したのが「21世紀枠《せいきわく》」だ。野球強豪校《やきゅうきょうごうこう》以外《いがい》の球児《きゅうじ》たちにもチャンスを与《あた》えるため、部員不足《ぶいんぶそく》でもがんばっている学校《がっこう》や、ボランティア活動《かつどう》などで地域貢献《ちいきこうけん》した学校《がっこう》など、野球《やきゅう》の成績以外《せいせきいがい》でも評価《ひょうか》してセンバツ出場校《しゅつじょうこう》を選《えら》ぼうとはじまった。

これまでに、部員《ぶいん》が10人《にん》、データ野球《やきゅう》を駆使《くし》した進学校《しんがくこう》、東日本大震災《ひがしにほんだいしんさい》からの復興《ふっこう》をめざす学校《がっこう》など、毎回特色豊《まいかいとくしょくゆた》かな学校《がっこう》が選《えら》ばれ、センバツの注目点《ちゅうもくてん》のひとつになっている。

21世紀枠《せいきわく》の奮闘史《ふんとうし》

ただ、問題点《もんだいてん》もある。21世紀枠《せいきわく》に選《えら》ばれるには「県大会《けんたいかい》ベスト16以上《いじょう》」といった条件《じょうけん》はあるものの、それだけでは強豪校《きょうごうこう》との実力差《じつりょくさ》が大《おお》きく、過去《かこ》に出場《しゅつじょう》した21世紀枠《せいきわく》の学校《がっこう》のほとんどが初戦敗退《しょせんはいたい》。しかも、一方的《いっぽうてき》な試合《しあい》になってしまうことが多《おお》い、ということだ。

そんななか、21世紀枠《せいきわく》でもやれるんだ、と旋風《せんぷう》をおこしたのが、2001年《ねん》のセンバツに出場《しゅつじょう》した宜野座《ぎのざ》（沖縄《おきなわ》）だ。「宜野座《ぎのざ》カーブ」と呼《よ》ばれる変化球《へんかきゅう》をあやつる比嘉裕投手《ひがゆうとうしゅ》を中心《ちゅうしん》にしたかたい守《まも》りと、長打《ちょうだ》はなくてもコツコツと送《おく》りバントをかさねる堅実《けんじつ》な攻撃《こうげき》でベスト4《フォー》に進出《しんしゅつ》。準決勝《じゅんけっしょう》で仙台育英《せんだいいくえい》（宮城《みやぎ》）に1対《たい》7で完敗《かんぱい》してしまったが、見事《みごと》な大《だい》健闘《けんとう》だった。宜野座《ぎのざ》はこのセンバツでの経験《けいけん》をいかし、同《おな》じ年《とし》の夏《なつ》の甲子園《こうしえん》に初出場《はつしゅつじょう》。1回戦《かいせん》で仙台育英《せんだいいくえい》と再戦《さいせん》し、今度《こんど》は逆《ぎゃく》に7対《たい》1で勝利《しょうり》。見事《みごと》な「リベンジ」をはたしている。

他《ほか》にも、2009年《ねん》の利府《りふ》（宮城《みやぎ》）もベスト4《フォー》に進出《しんしゅつ》。また、2008年《ねん》の21世紀枠《せいきわく》、成章《せいしょう》（愛知《あいち》）のエースは、のちにプロ野球《やきゅう》で最多勝投手《さいたしょうとうしゅ》になる小川泰弘投手《おがわやすひろとうしゅ》（現《げん》・ヤクルト）。21世紀枠《せいきわく》で甲子園《こうしえん》の土《つち》をふんだ経験《けいけん》が、小川投手《おがわとうしゅ》を大《おお》きく成長《せいちょう》させたのだ。

甲子園《こうしえん》に迷《まよ》いこんだ珍客《ちんきゃく》たち

パオーン。応援《おうえん》にやってきた象《ぞう》が退場《たいじょう》!?

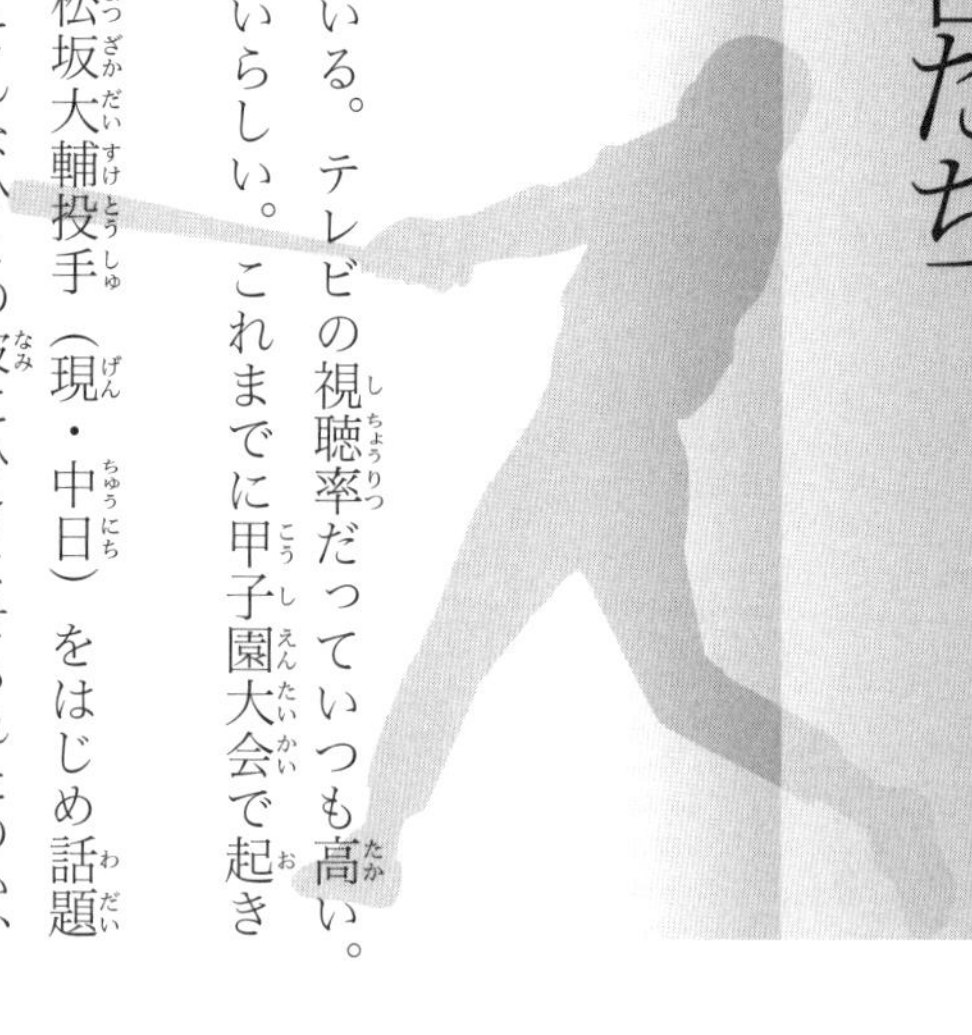

ミツバチもイタチも甲子園《こうしえん》に夢中《むちゅう》!?

春《はる》も夏《なつ》も、甲子園《こうしえん》には多《おお》くの観客《かんきゃく》がつめかけている。テレビの視聴率《しちょうりつ》だっていつも高《たか》い。でも、注目《ちゅうもく》しているのはどうやら人間《にんげん》だけではないらしい。これまでに甲子園大会《こうしえんたいかい》で起《お》きた動物《どうぶつ》ハプニングをふりかえってみよう。

１９９８年夏《ねんなつ》の甲子園大会《こうしえんたいかい》は、「平成《へいせい》の怪物《かいぶつ》」松坂大輔投手《まつざかだいすけとうしゅ》（現《げん》・中日《ちゅうにち》）をはじめ話題《わだい》の球児《きゅうじ》が多《おお》く、球場《きゅうじょう》が満員《まんいん》になる日《ひ》が多《おお》かった。そんなひとの波《なみ》にひきよせられたのか、大会期間中《たいかいきかんちゅう》になんと２０００匹《びき》ものミツバチが甲子園球場《こうしえんきゅうじょう》に襲来《しゅうらい》。スタンドは騒然《そうぜん》となった。ハチにさされて手《て》あてを受《う》ける観客《かんきゃく》もでたことから、ミツバチ駆除《くじょ》の会社《かいしゃ》に連絡《れんらく》。なんとか騒動《そうどう》はおさまったのだった。

2007年春《ねんはる》のセンバツ大会《たいかい》では、グラウンドにイタチが乱入《らんにゅう》。審判《しんぱん》やボールボーイがつかまえようと「イタチごっこ」となった。ただ、その逃《に》げ足《あし》の速《はや》いこと！　けっきょく、つかまえることはできず、イタチはアルプススタンド下《した》の溝《みぞ》へと逃《に》げこんでしまった。

甲子園史上《こうしえんしじょう》〝最大《さいだい》の応援《おうえん》〟

甲子園大会《こうしえんたいかい》をめぐる動物《どうぶつ》エピソードで「最大《さいだい》」のハプニングといえば、1951年《ねん》センバツ大会《たいかい》での「象《ぞう》の応援《おうえん》」だろう。この大会《たいかい》に出場《しゅつじょう》した地元《じもと》・兵庫《ひょうご》の鳴尾高校《なるおこうこう》は、応援《おうえん》をよりもりあげようと、甲子園球場《こうしえんきゅうじょう》のとなりにあった遊園地《ゆうえんち》「甲子園阪神《こうしえんはんしん》パーク」（現在《げんざい》は閉園《へいえん》）と交渉《こうしょう》。なんと本物《ほんもの》の象《ぞう》を借《か》りて、レフト通路《つうろ》からグラウンドに入場《にゅうじょう》させたのだ。

さすがに試合《しあい》がはじまる前《まえ》に大会関係者《たいかいかんけいしゃ》から「もし暴《あば》れたらどうするんだ！」とこっぴどく怒《おこ》られ、象《ぞう》は退場処分《たいじょうしょぶん》となってしまった。ちなみに、鳴尾《なるお》は初出場《はつしゅつじょう》にもかかわらず、この大会《たいかい》で準優勝《じゅんゆうしょう》と結果《けっか》をのこしている。象《ぞう》の応援《おうえん》が効《き》いたのだろうか!?

あらたな延長戦《えんちょうせん》のドラマが生《う》まれる⁉

疲労《ひろう》をふせぐ〝タイブレーク制《せい》〟ってなんだ？

史上初《しじょうはつ》の〝連続引《れんぞくひ》き分《わ》け再試合《さいしあい》〟

２０１７年《ねん》の春《はる》のセンバツ大会《たいかい》で、甲子園《こうしえん》の歴史上初《れきしじょうはつ》の出来事《できごと》が起《お》きた。大会《たいかい》７日目《かめ》の第《だい》２試合《しあい》、滋賀学園《しがかくえん》（滋賀《しが》）と福岡大大濠《ふくおかだいおおほり》（福岡《ふくおか》）の一戦《いっせん》。そして、第《だい》３試合《しあい》の健大高崎《けんだいたかさき》（群《ぐん》馬《ま》）と福井工大福井《ふくいこうだいふくい》（福井《ふくい》）の一戦《いっせん》がどちらも延長《えんちょう》15回《かい》まで戦《たたか》っても決着《けっちゃく》がつかず、２試《し》合《あい》連続《れんぞく》で引《ひ》き分《わ》け再試合《さいしあい》となったのだ。そもそも、１大会《たいかい》で２度《ど》の引《ひ》き分《わ》け再試合《さいしあい》もはじめてのこと。試合《しあい》を伝《つた》えたアナウンサーは「歴史《れきし》にのこる１日《にち》となりました」と実況《じっきょう》した。

甲子園《こうしえん》の長《なが》い歴史《れきし》で、引《ひ》き分《わ》け再試合《さいしあい》は11度目《どめ》と12度目《どめ》。それらの試合《しあい》はどれも、甲子《こうし》園史《えんし》にのこる名勝負《めいしょうぶ》として語《かた》り継《つ》がれる熱戦《ねっせん》ばかり。だが、見《み》るひとが感動《かんどう》する一方《いっぽう》で、選手《せんしゅ》たちはつかれ、とくに投手《とうしゅ》の負担《ふたん》はとても大《おお》きい。この大会《たいかい》でも、福岡大大濠《ふくおかだいおおほり》の三浦《みうら》銀二投手《ぎんじとうしゅ》が196球《きゅう》で完投《かんとう》。福井工大福井《ふくいこうだいふくい》の摺石達哉投手《すりいしたつやとうしゅ》も11回《かい》で193球《きゅう》を記録《きろく》した。

この史上初《しじょうはつ》の「連続引《れんぞくひ》き分《わ》け再試合《さいしあい》」が、ずっと議論《ぎろん》になっていた新制度導入《しんせいどどうにゅう》のきっかけとなった。2018年《ねん》のセンバツ大会《たいかい》から導入《どうにゅう》された「タイブレーク制《せい》」だ。

高校野球《こうこうやきゅう》のあらたな挑戦《ちょうせん》〝タイブレーク制《せい》〟

タイブレーク制《せい》とは、延長《えんちょう》でも決着《けっちゃく》がつかない場合《ばあい》、ノーアウト二、三塁《るい》という得点《とくてん》が生《う》まれやすい状況《じょうきょう》にして決着《けっちゃく》をつけやすくする特別《とくべつ》ルールだ。甲子園大会《こうしえんたいかい》では延長《えんちょう》12回《かい》でも決着《けっちゃく》がつかない場合《ばあい》、つぎの13回《かい》からタイブレーク制《せい》で再開《さいかい》することになっている。

このタイブレーク制《せい》は、野球《やきゅう》の魅力《みりょく》が半減《はんげん》する、と反対《はんたい》するひとも多《おお》い。だが、オリンピックなどの国際大会《こくさいたいかい》では以前《いぜん》から導入《どうにゅう》されているルールでもある。野球《やきゅう》の国際化《こくさいか》、という面《めん》でもとりくんでいかなければならない課題《かだい》だ。タイブレーク制《せい》ならではのスリリングな名勝負《めいしょうぶ》も今後《こんご》生《う》まれるかもしれない。高校野球《こうこうやきゅう》がとりくむあらたな挑戦《ちょうせん》に、要注目《ようちゅうもく》だ！

コラム⑥

むかしからトンデモない事件《じけん》がいっぱい

平成以前《へいせいいぜん》のレジェンドヒストリー

負《ま》けたのに優勝《ゆうしょう》した学校《がっこう》があった

「高校野球《こうこうやきゅう》、とくに甲子園大会《こうしえんたいかい》は一発勝負《いっぱつしょうぶ》だからこそ感動《かんどう》を呼《よ》ぶ」とよくいわれる。だが、一発勝負《いっぱつしょうぶ》でなくても高校野球《こうこうやきゅう》はドラマを生《う》む。

というのも、第《だい》2回大会《かいたいかい》（1916年《ねん》）と第《だい》3回大会《かいたいかい》（1917年《ねん》）では、一度負《いちどま》けたチームにもチャンスがある「敗者復活戦《はいしゃふっかつせん》」がルールとしてあり、第《だい》3回大会《かいたいかい》では、この敗《はい》者復活戦《しゃふっかつせん》を勝《か》ちあがった愛知一中《あいちいっちゅう》（東海地区《とうかいちく》代表《だいひょう》）が優勝《ゆうしょう》したからだ。

しかもこの愛知一中《あいちいっちゅう》、決勝戦《けっしょうせん》では6回《かい》2《ツー》アウトまで関西学院中《かんせいがくいんちゅう》（兵庫《ひょうご》）にリードを許《ゆる》していたが、突然《とつぜん》の夕立《ゆうだち》で降雨《こうう》ノーゲームに。翌日《よくじつ》の再試合《さいしあい》で延長戦《えんちょうせん》までねばった末《すえ》に勝利《しょうり》をもぎとっている。まさに、「史上最大《しじょうさいだい》の逆《ぎゃく》転優勝《てんゆうしょう》」と呼《よ》んでもいいだろう。

「米騒動《こめそうどう》」で大会中止《たいかいちゅうし》

ちなみに、このとき準優勝《じゅんゆうしょう》に終《お》わった関西《かんせい》学院中《がくいんちゅう》は、翌年《よくとし》にもくやしい経験《けいけん》を味《あじ》わっている。というのも、つぎの年《とし》こそ優勝《ゆうしょう》だと練《れん》習《しゅう》に打《う》ちこみ、優勝候補《ゆうしょうこうほ》と評判《ひょうばん》になるほどの強《つよ》さを身《み》につけたにもかかわらず、ある騒動《そうどう》のせいで大会《たいかい》が中止《ちゅうし》になってしまったからだ。

その騒動《そうどう》とは、1918年《ねん》7月《がつ》、富山県《とやまけん》で起《お》きた「米騒動《こめそうどう》」だ。米《こめ》の値段《ねだん》が高《たか》すぎる！といった理由《りゆう》からあちこちで暴動《ぼうどう》が起《お》き、その騒《さわ》ぎはすぐに全国《ぜんこく》へ拡大《かくだい》。8月《がつ》12日《にち》には大《おお》阪《さか》で軍隊《ぐんたい》が出動《しゅつどう》する事件《じけん》となった。

これにこまったのが、8月《がつ》14日《にち》に開幕予定《かいまくよてい》だった第《だい》4回大会《かいたいかい》の出場校《しゅつじょうこう》。開幕《かいまく》にそなえ、すでに開催地《かいさいち》の大阪《おおさか》に集《あつ》まっていたのだが、軍隊《ぐんたい》まで出動《しゅつどう》する騒《さわ》ぎのため、13日《にち》に開催延《かいさいえん》期《き》が発表《はっぴょう》され、その後《ご》、16日《にち》に大会中止《たいかいちゅうし》が決《けっ》定《てい》。優勝旗《ゆうしょうき》は、前年王者《ぜんねんおうじゃ》の愛知一中《あいちいっちゅう》が持《も》ち帰《かえ》り、翌年《よくとし》まで保管《ほかん》することになった。

優勝旗《ゆうしょうき》を折《お》った「甲子園《こうしえん》の申《もう》し子《ご》」

優勝旗《ゆうしょうき》といえば、この大事《だいじ》な旗《はた》を折《お》ってしまった球児《きゅうじ》がいた。「甲子園《こうしえん》の申《もう》し子《ご》」と呼《よ》ばれるほどの人気者《にんきもの》だった呉港中《ごこうちゅう》（広島《ひろしま》）の藤村富美男選手《ふじむらふみおせんしゅ》（元《もと》・大阪《おおさか》タイガース）だ。

1934年《ねん》の夏《なつ》の第《だい》20回大会《かいたいかい》で呉港中《ごこうちゅう》をついに優勝《ゆうしょう》に導《みちび》き、優勝旗《ゆうしょうき》を手《て》にした藤村選手《ふじむらせんしゅ》が地元広島《じもとひろしま》に帰《かえ》ると、呉港中《ごこうちゅう》ナインを一目見《ひとめみ》ようと駅前《えきまえ》は大混乱《だいこんらん》。とくに、エースの藤村《ふじむら》選手《せんしゅ》のまわりの混乱《こんらん》ぶりはすさまじかった。

そんな状況《じょうきょう》にもかかわらず、藤村選手《ふじむらせんしゅ》が優《ゆう》勝旗《しょうき》を皆《みな》に見《み》せようとした結果《けっか》、旗《はた》の柄《え》の部《ぶ》分《ぶん》がまわりにいた誰《だれ》かにぶつかってしまい、ポキリと折《お》れてしまったのだ。藤村選手《ふじむらせんしゅ》はあわてて旗屋《はたや》に折《お》れた優勝旗《ゆうしょうき》を持《も》ちこんで柄《え》の部分《ぶぶん》をとりかえた、というエピソードがのこっている。

球界《きゅうかい》ミステリー「優勝旗行方不明事件《ゆうしょうきゆくえふめいじけん》」

全国《ぜんこく》の球児《きゅうじ》たちがめざす甲子園大会《こうしえんたいかい》の優勝《ゆうしょう》旗《き》。夏《なつ》の大会《たいかい》は赤《あか》い色《いろ》から「深紅《しんく》の優勝旗《ゆうしょうき》」、紫色《むらさきいろ》のセンバツ大会《たいかい》は「紫紺《しこん》の優勝旗《ゆうしょうき》」と呼《よ》ばれている。1954年《ねん》11月《がつ》、この優勝旗《ゆうしょうき》をめぐるミステリーのような事件《じけん》が起《お》きた。

事件《じけん》の舞台《ぶたい》は、その年《とし》におこなわれた第《だい》36回夏《かいなつ》の甲子園大会《こうしえんたいかい》で優勝《ゆうしょう》した中京商《ちゅうきょうしょう》（現《げん》・中《ちゅう》京大中京《きょうだいちゅうきょう》）。彼《かれ》らが勝《か》ちとった深紅《しんく》の優勝旗《ゆうしょうき》が、ある日突然《ひとつぜん》、かざってあった校長室《こうちょうしつ》から姿《すがた》を消《け》し、行方不明《ゆくえふめい》になってしまったのだ。

これには当然《とうぜん》、学校中《がっこうじゅう》が大騒《おおさわ》ぎ。高校野球《こうこうやきゅう》にとって大事《だいじ》な甲子園優勝旗《こうしえんゆうしょうき》を失《うしな》っては一大《いちだい》事《じ》！　と、学校側《がっこうがわ》は全生徒《ぜんせいと》にもおねがいして校内中《こうないじゅう》をさがしまわった。だが、学校《がっこう》のなかも学校周辺《がっこうしゅうへん》も、どこにもみつからなかった。こまった学校《がっこう》は警察《けいさつ》に相談《そうだん》。40～50人《にん》の警察《けいさつ》官《かん》もくわわって、大事件《だいじけん》クラスの捜索活動《そうさくかつどう》がおこなわれたが、それでも優勝旗《ゆうしょうき》は見《み》つからず、解決《かいけつ》の糸口《いとぐち》も発見《はっけん》できなかった。

中京商《ちゅうきょうしょう》は夏《なつ》の甲子園大会《こうしえんたいかい》の主催者《しゅさいしゃ》、朝日新《あさひしん》聞社《ぶんしゃ》にあやまりにいったが、「でてくるまでぜったいにさがしてください」といわれてしまい、大弱《おおよわ》り。その後《ご》も、大規模《だいきぼ》な捜索活動《そうさくかつどう》がつづいたが旗《はた》はでてこなかった。年《とし》が明《あ》けて1955年《ねん》2月《がつ》、事件《じけん》も迷宮入《めいきゅうい》りか……とあきらめかけていたとき、意外《いがい》なところから優勝旗《ゆうしょうき》は発見《はっけん》された。中京商《ちゅうきょうしょう》から600メートルほどしか離《はな》れていない中学校《ちゅうがっこう》の床下《ゆかした》に、風呂敷《ふろしき》につつまれた優勝旗《ゆうしょうき》がおかれていたのだ。見《み》つけたのはその中学《ちゅうがく》に出入《でい》りしていた大工《だいく》さんで、廊下《ろうか》の修理中《しゅうりちゅう》に偶然《ぐうぜん》にも発見《はっけん》。捜索《そうさく》をはじめてから85日《にち》後《ご》のことだった。

ちょうど練習中《れんしゅうちゅう》だった中京商《ちゅうきょうしょう》ナインもかけつけて優勝旗《ゆうしょうき》と再会《さいかい》。涙《なみだ》を流《なが》した選手《せんしゅ》もいた。

そして、このニュースを聞《き》いた全国《ぜんこく》の高校野《こうこうや》球《きゅう》ファンもホッと胸《むね》をなでおろしたという。

ただ、旗《はた》をうばった犯人《はんにん》も目的《もくてき》も、けっきょくわからないまま。そして、この事件《じけん》以降《こう》、優勝旗《ゆうしょうき》を銀行《ぎんこう》の金庫《きんこ》に預《あず》ける学校《がっこう》が増《ふ》え、管理《かんり》には神経《しんけい》を使《つか》うようになったという。

100回大会《かいたいかい》であたらしくなる優勝旗《ゆうしょうき》

この消《き》えた優勝旗《ゆうしょうき》は、じつは「初代《しょだい》」。第《だい》1回大会《かいたいかい》があった1915年《ねん》に制作《せいさく》され、1957年《ねん》の第《だい》39回大会《かいたいかい》まで使用《しよう》。その後《ご》、史《し》上《じょう》はじめて47都道府県《とどうふけん》の代表校《だいひょうこう》が出場《しゅつじょう》した1958年《ねん》の第《だい》40回大会《かいたいかい》から「2代目《だいめ》」にかわり、2017年《ねん》の第《だい》99回大会《かいたいかい》まで使用《しよう》された。

そして2018年《ねん》、夏《なつ》の甲子園《こうしえん》が「第《だい》100回大会《かいたいかい》」となることを記念《きねん》して、3代目《だいめ》の優勝旗《ゆうしょうき》がお披露目《ひろめ》。京都《きょうと》にむかしから伝《つた》わる西陣織《にしじんおり》という織《お》りかたでつくられた新優勝旗《しんゆうしょうき》のお値段《ねだん》、なんと1200万円《まんえん》。だが、球児《きゅうじ》たちにしてみれば、この優勝旗《ゆうしょうき》を手《て》にいれるまでの経験《けいけん》は、とてもお金《かね》には代《か》えられないものだ。

そんな球児《きゅうじ》たちのためにも、どうかもう二《に》度《ど》と行方不明《ゆくえふめい》になりませんように。

コラム⑦

甲子園《こうしえん》の“土《つち》”と“ツタ”にもドラマがある 甲子園球場物語《こうしえんきゅうじょうものがたり》 パート②

「甲子園《こうしえん》の土《つち》」をめぐる物語《ものがたり》

甲子園名物《こうしえんめいぶつ》のひとつに、球場整備担当《きゅうじょうせいびたんとう》の阪《はん》神園芸《しんえんげい》の皆《みな》さんが試合前《しあいまえ》と5回終了後《かいしゅうりょうご》におこなう、見事《みごと》なグラウンド整備《せいび》がある。大雨《おおあめ》が降《ふ》ったあとでも、あっというまにプレーができる状況《じょうきょう》にしてくれるのは、まさに匠《たくみ》の技《わざ》だ。

だが、球場《きゅうじょう》ができたばかりのころは、いまよりもグラウンド環境《かんきょう》が悪《わる》く、整備《せいび》の技術《ぎじゅつ》も機材《きざい》もそろっていなかったため、雨《あめ》が降《ふ》るとすぐに水《みず》たまりができていた。そこでためしたのが、グラウンドにガソリンをまいて火《ひ》をつけ、水分《すいぶん》を蒸発《じょうはつ》させようというアイデア。ただ、黒《くろ》い煙《けむり》があがるばかりで、見《み》た目《め》のインパクトほど効果《こうか》はなかったという。

ちなみに、甲子園《こうしえん》の土《つち》が黒色《くろいろ》なのは、白《しろ》いボールを見《み》やすくするため。球場完成当時《きゅうじょうかんせいとうじ》から、ボールの見《み》やすさ、水《みず》はけのよさ、スライディングのしやすさなど、さまざまな視点《してん》からテストをくりかえしてきた結果《けっか》、いまでは岡山《おかやま》、三重《みえ》、鹿児島《かごしま》、大分《おおいた》、鳥取《とっとり》など各地《かくち》から土《つち》をとりよせ、ブレンドして見事《みごと》な土《つち》をつくりだしている。この場所《ばしょ》で球児《きゅうじ》たちは感《かん》動的《どうてき》な試合《しあい》を生《う》みだし、負《ま》けたチームはその思《おも》い出《で》に、土《つち》を持《も》ち帰《かえ》るのだ。

甲子園球場《こうしえんきゅうじょう》の「緑《みどり》のツタ」物語《ものがたり》

甲子園《こうしえん》の土《つち》以外《いがい》で、高校野球《こうこうやきゅう》ファンにずっと親《した》しまれてきたものに、球場《きゅうじょう》の壁一面《かべいちめん》をおおっていた「緑《みどり》のツタ」がある。

1924年《ねん》8月《がつ》に完成《かんせい》した甲子園球場《こうしえんきゅうじょう》だったが、「コンクリートだけの外壁《がいへき》は殺風景《さっぷうけい》すぎて味気《あじけ》ない。ツタならコンクリートにからみついて、古城《こじょう》のような風格《ふうかく》がだせるかもしれない」と、同《おな》じ年《とし》の12月《がつ》に植《う》えられたツタ。その後《ご》、何年《なんねん》もかけて育《そだ》ったツタの葉《は》はタタミ約《やく》8000畳分《じょうぶん》ものひろさになり、「緑《みどり》のカーテン」として甲子園《こうしえん》のシンボルとなった。

また、このツタのおかげで、夏場《なつば》には球場《きゅうじょう》室内《しつない》の温度《おんど》が外《そと》と比《くら》べて5度《ど》から10度《ど》ほど低《ひく》くなる効果《こうか》もあるという。

2000年《ねん》の夏《なつ》には、「20世紀《せいき》さいごの甲《こう》子園大会《しえんたいかい》」を記念《きねん》して全国約《ぜんこくやく》4000の高校《こうこう》にツタの苗木《なえぎ》を配付《はいふ》。いまも多《おお》くの学校《がっこう》で大《だい》事《じ》に育《そだ》てられている。2007年《ねん》にはじまった甲子園《こうしえん》リニューアル工事《こうじ》にともない、壁《かべ》のツタはキレイにとりのぞかれてしまったが、その後《ご》、「ツタの里帰《さとがえ》り」として各学校《かくがっこう》で育《そだ》ったツタから状態《じょうたい》のいい苗《なえ》が集《あつ》められ、ふたたび甲子園《こうしえん》の外壁《がいへき》に植樹《しょくじゅ》された。かつてのようにツタが甲子園《こうしえん》をおおうまでには約《やく》10年《ねん》かかるだろうといわれ、その目安《めやす》が「夏《なつ》の甲《こう》子園第《しえんだい》100回大会《かいたいかい》」をむかえる2018年《ねん》。球場《きゅうじょう》はふたたび緑色《みどりいろ》のカーテンを身《み》にまとい、球児《きゅうじ》たちの登場《とうじょう》を待《ま》ちわびている。

1915年の夏からはじまった全国大会。これまでにたくさんのレジェンドたちがうちたてた大記録を紹介しよう!

レジェンドプレーヤー編

1大会での記録

最多奪三振

選手名	校名	奪三振数(試合数)	年
板東英二	徳島商(徳島)	83個(6試合)	1958年夏

最多投球イニング数

選手名	校名	投球回数(試合数)	年
斎藤佑樹	早稲田実(西東京)	69回(7試合)	2006年夏

最多ホームラン

選手名	校名	ホームラン数(試合数)	年
中村奨成	広陵(広島)	6本塁打(6試合)	2017年夏

最多安打記録

選手名	校名	安打数(試合数)	年
水口栄二	松山商(愛媛)	19安打(6試合)	1986年夏
中村奨成	広陵(広島)	19安打(6試合)	2017年夏

最多打点

選手名	校名	打点数(試合数)	年
中村奨成	広陵(広島)	17打点(6試合)	2017年夏

甲子園なんでもレジェンド記録！

レジェンドプレーヤー編

甲子園通算記録

甲子園通算最多勝利記録

選手名	校名	勝利数	年（出場回数）
桑田真澄	PL学園（大阪）	20勝（3敗）	1983年夏 1984年春夏 1985年春夏（5回）

※参考記録 出場ルールのちがう戦前の投手・吉田正男（中京商）は6回出場して23勝3敗

甲子園通算最多ホームラン記録

選手名	校名	ホームラン数（試合数）	年（出場回数）
清原和博	PL学園（大阪）	13本塁打（23試合）	1983年夏 1984年春夏 1985年春夏（5回）

連続無失点イニング

選手名	校名	投球回数（試合数）	年
嶋清一	海草中（和歌山）	45回（5試合）	1939年夏
福嶋一雄	小倉（福岡）	45回（5試合）	1948年夏

甲子園スピードガン表示

選手名	校名	スピード	年
佐藤由規	仙台育英（宮城）	155キロ	2007年夏
安楽智大	済美（愛媛）	155キロ	2013年夏

甲子園なんでもレジェンド記録！

レジェンドチーム編

最多優勝回数＆勝利数

校名	優勝回数	勝利数
中京大中京（愛知）	11回（春:4回 夏:7回）	133勝（春:55勝 夏:78勝）

最多出場回数

校名	出場回数
龍谷大平安（京都）	73回（春:40回 夏:33回）

最多連勝記録

校名	連勝回数	年
PL学園（大阪）	20連勝	1981年春〜 1984年春（4大会）

1大会での最高打率

校名	打率	年
駒大苫小牧（南北海道）	4割4分8厘	2004年夏（5試合）

1試合での最高得点

校名	得点	年
PL学園（大阪）	29得点	1985年夏

甲子園なんでもレジェンド記録！

レジェンドプレーヤー編

1試合での記録

最多奪三振

選手名	校名	奪三振数	年
松井裕樹	桐光学園（神奈川）	22個	2012年夏

最多ホームラン

選手名	校名	ホームラン数	年
清原和博	PL学園（大阪）	3本塁打	1984年夏
平田良介	大阪桐蔭（大阪）	3本塁打	2005年夏

最多安打記録

選手名	校名	安打数	年
笹岡伸好	PL学園（大阪）	6安打	1985年夏
松島侑也	日大三（西東京）	6安打	2004年夏

最多打点

選手名	校名	打点数	年
須田努	常総学院（茨城）	8打点	1988年夏
筒香嘉智	横浜（神奈川）	8打点	2008年夏
松本哲幣	敦賀気比（福井）	8打点	2015年春

※記録は2018年7月現在のもの

＜写真提供＞
日刊スポーツ／茨木雅仁

＜参考文献＞
『甲子園100年物語』（日刊スポーツ新聞社・編／日刊スポーツ出版社）
『横浜高校野球部　白球の軌跡』（ベースボール・マガジン社）
『大阪桐蔭高校野球部　最強新伝説』（ベースボール・マガジン社）
『激闘甲子園「不滅の大記録」』（宝島社）
『不滅の高校野球（上・下）』（松尾俊治・著／ベースボール・マガジン社）
『平成甲子園センバツ高校野球B級ニュース事件簿』（久保田龍雄・著／日刊スポーツ出版社）
『マンモス賛歌』（神戸新聞阪神総局・編／神戸新聞出版センター）
『ドキュメント横浜vs.PL学園』（アサヒグラフ特別取材班・編／朝日文庫）
『ざっくり甲子園100年100ネタ』（オグマナオト・著／廣済堂出版）
『野球小僧』（白夜書房）
『中学野球小僧』（白夜書房）
『野球太郎』（廣済堂出版）
『中学野球太郎』（廣済堂出版）
『Sports Graphic Number』（文藝春秋）
『DVD映像で蘇る高校野球不滅の名勝負』（ベースボール・マガジン社）

＜参考新聞＞
朝日新聞／毎日新聞／日刊スポーツ／スポーツニッポン

＜参考ウェブサイト＞
Number Web／web Sportiva／朝日新聞デジタル／毎日新聞／nikkansports.com／Sponichi Annex／高校野球ドットコム／週刊野球太郎／産経新聞社ZakZak

集英社みらい文庫

甲子園《こうしえん》レジェンドランキング

オグマナオト　著

ファンレターのあて先
〒101-8050　東京都千代田区一ツ橋2-5-10　集英社みらい文庫編集部
いただいたお便りは編集部から先生におわたしいたします。

2018年7月25日　第1刷発行

発 行 者　北畠輝幸
発 行 所　株式会社 集英社
〒101-8050　東京都千代田区一ツ橋2-5-10
電話　編集部 03-3230-6246
読者係 03-3230-6080
販売部 03-3230-6393（書店専用）
http://miraibunko.jp
装　　丁　町口景（MATCH and Company Co.,Ltd.）
中島由佳理
編集協力　山本貴政（ヤマモトカウンシル）
印　　刷　図書印刷株式会社　凸版印刷株式会社
製　　本　図書印刷株式会社
★本書の内容は2018年7月現在のものです。
ISBN978-4-08-321453-0　C8275　N.D.C.913　182P　18cm

負《ま》けない!!!

熱《あつ》くて楽《たの》しいチームに感動《かんどう》!

FC《エフシー》6年《ねん》1組《くみ》

クラスメイトはチームメイト! 一斗《いっと》と純《じゅん》のキセキの試合《しあい》

作《さく》 河端朝日《かわばたあさひ》 絵《え》 千田純生《ちだじゅんせい》

定価:本体640円+税

負《ま》けっぱなしの弱小《じゃくしょう》サッカーチーム、
山ノ下小学校《やまのしたしょうがっこう》FC《エフシー》6年《ねん》1組《くみ》。
次《つぎ》の試合《しあい》に勝《か》てなければ解散危機《かいさんきき》の
チームのために2人《ふたり》の少年《しょうねん》が立《た》ち上《あ》がった。
仲間《なかま》を愛《あい》する熱血《ねっけつ》ゴールキーパー・神谷一斗《かみやいっと》と
転校生《てんこうせい》のクールなストライカー・日向純《ひなたじゅん》。
2人《ふたり》を中心《ちゅうしん》に8人《にん》しかいないチームメイトが
ひとつになって勝利《しょうり》をめざす!
それぞれの思《おも》いがぶつかる負《ま》けられない一戦《いっせん》のなか、
試合《しあい》の終盤《しゅうばん》におきたキセキは…!?

残《のこ》るのか――!
限界《げんかい》を超《こ》えた
ゲームがはじまる!
50人《にん》の小学生《しょうがくせい》が最後《さいご》の一人《ひとり》になるまで
ひとつの競技《きょうぎ》でたたかう大会《たいかい》、ラストサバイバル。
「最後《さいご》まで残《のこ》った優勝者《ゆうしょうしゃ》はなんでも願《ねが》いごとがかなう」という。
小《しょう》6の桜井《さくらい》リクはラストサバイバルに参加《さんか》し、優勝《ゆうしょう》をめざすが…!?
このゲームは遊《あそ》びじゃない!!
おどろきのラストを見逃《みのが》すな!!
第《だい》1弾《だん》
最後《さいご》まで歩《ある》けるのはだれだ!?
第《だい》2弾《だん》
でてはいけないサバイバル教室《きょうしつ》
第《だい》3弾《だん》
つかまってはいけないサバイバル鬼《おに》ごっこ
シリーズ 絶《ぜっ》賛《さん》発《はつ》売《ばい》中《ちゅう》!

だれが最《さい》後《ご》まで
集英社みらい文庫
生き残りゲーム
ラストサバイバル
大久保開 作
北野詠一 絵
かけめぐれ無人島！
サバイバルアドベンチャー
第《だい》4弾《だん》
かけめぐれ無《む》人《じん》島《とう》！
サバイバルアドベンチャー
好《こう》評《ひょう》発《はつ》売《ばい》中《ちゅう》!!
生《い》き残《のこ》りゲーム
ラストサバイバル
大《おお》久《く》保《ぼ》開《ひらく》作《さく》 北《きた》野《の》詠《えい》一《いち》絵《え》

シリーズ 絶賛発売中《ぜっさんはつばいちゅう》!!

イラスト・フルカワマモる

実況《じっきょう》! 空想《くうそう》サッカー研究所《けんきゅうじょ》
もしも織田信長《おだのぶなが》がW杯《ワールドカップ》に出場《しゅつじょう》したら
作《さく》・清水英斗《しみずひでと》

実況《じっきょう》! 空想《くうそう》サッカー研究所《けんきゅうじょ》
もしも織田信長《おだのぶなが》が日本代表監督《にほんだいひょうかんとく》だったら
作《さく》・清水英斗《しみずひでと》

実況《じっきょう》! 空想《くうそう》野球《やきゅう》研究所《けんきゅうじょ》
もしも織田信長《おだのぶなが》がプロ野球《やきゅう》の監督《かんとく》だったら
作《さく》・手束 仁《てづかじん》

空《くう》想《そう》研《けん》究《きゅう》所《じょ》

実況《じっきょう》！ 空《くう》想《そう》武《ぶ》将《しょう》研《けん》究《きゅう》所《じょ》
もしも坂本龍馬《さかもとりょうま》が戦国武将《せんごくぶしょう》だったら
作《さく》・小竹洋介《こだけようすけ》

実況《じっきょう》！ 空《くう》想《そう》武《ぶ》将《しょう》研《けん》究《きゅう》所《じょ》
もしも織田信長《おだのぶなが》が校長先生《こうちょうせんせい》だったら
作《さく》・小竹洋介《こだけようすけ》

実況《じっきょう》！ 空《くう》想《そう》武《ぶ》将《しょう》研《けん》究《きゅう》所《じょ》
もしもナポレオンが戦国武将《せんごくぶしょう》だったら
作《さく》・小竹洋介《こだけようすけ》

汗と涙と野球とコトバ！

イチロー、松井秀喜、大谷翔平ほか
人生を支え、弱い心を強くする
名選手たちからのメッセージ

ことだま

野球魂を熱くする名言集

「野球太郎」編集部＋石井孝・編

本体1300円＋税

集英社

「みらい文庫《ぶんこ》」読者《どくしゃ》のみなさんへ

言葉《ことば》を学《まな》ぶ、感性《かんせい》を磨《みが》く、創造力《そうぞうりょく》を育《はぐく》む……、読書《どくしょ》は「人間力《にんげんりょく》」を高《たか》めるために欠《か》かせません。たった一枚《いちまい》のページをめくる向《む》こう側《がわ》に、未知《みち》の世界《せかい》、ドキドキのみらいが無限《むげん》に広《ひろ》がっている。これこそが「本《ほん》」だけが持《も》っているパワーです。

学校《がっこう》の朝《あさ》の読書《どくしょ》に、休《やす》み時間《じかん》に、放課後《ほうかご》に……。いつでも、どこでも、すぐに続《つづ》きを読《よ》みたくなるような、魅力《みりょく》に溢《あふ》れる本《ほん》をたくさん揃《そろ》えていきたい。読書《どくしょ》がくれる、心《こころ》がきらきらしたり胸《むね》がきゅんとする瞬間《しゅんかん》を体験《たいけん》してほしい、楽《たの》しんでほしい。みらいの日本《にほん》、そして世界《せかい》を担《にな》うみなさんが、やがて大人《おとな》になった時《とき》、「読書《どくしょ》の魅力《みりょく》を初《はじ》めて知《し》った本《ほん》」「自分《じぶん》のおこづかいで初《はじ》めて買《か》った一冊《いっさつ》」と思《おも》い出《だ》してくれるような作品《さくひん》を一所懸命《いっしょけんめい》、大切《たいせつ》に創《つく》っていきたい。

そんないっぱいの想《おも》いを込《こ》めながら、作家《さっか》の先生方《せんせいがた》と一緒《いっしょ》に、私《わたし》たちは素敵《すてき》な本作《ほんづく》りを続《つづ》けていきます。「みらい文庫《ぶんこ》」は、無限《むげん》の宇宙《うちゅう》に浮《う》かぶ星《ほし》のように、夢《ゆめ》をたたえ輝《かがや》きながら、次々《つぎつぎ》と新《あたら》しく生《う》まれ続《つづ》けます。

本《ほん》を持《も》つ、その手《て》の中《なか》に、ドキドキするみらい――。

本《ほん》の宇宙《うちゅう》から、自分《じぶん》だけの健《すこ》やかな空想力《くうそうりょく》を育《そだ》て、〝みらいの星《ほし》〟をたくさん見《み》つけてください。

そして、大切《たいせつ》なこと、大切《たいせつ》な人《ひと》をきちんと守《まも》る、強《つよ》くて、やさしい大人《おとな》になってくれることを心《こころ》から願《ねが》っています。

2011年《ねん》　春《はる》

集英社《しゅうえいしゃ》みらい文庫《ぶんこ》編集部《へんしゅうぶ》